机遇与挑战：
双创背景下的大学生创业

马永生 著

延边大学出版社

图书在版编目（CIP）数据

机遇与挑战：双创背景下的大学生创业 / 马永生著.
—延吉：延边大学出版社，2017.6
ISBN 978-7-5688-2992-2

Ⅰ. ①机… Ⅱ. ①马… Ⅲ. ①大学生-创业-研究
Ⅳ. ①G647.38

中国版本图书馆 CIP 数据核字（2017）第 148438 号

机遇与挑战：双创背景下的大学生创业

著　　者	马永生　著
责任编辑	孙淑芹
装帧设计	中图时代
出版发行	延边大学出版社
地　　址	吉林省延吉市公园路 977 号，133002
网　　址	http://www.ydcbs.com
电子邮箱	ydcbs@ydcbs.com
电　　话	0433-2732435　0433-2732434（传真)
印　　刷	廊坊市海涛印刷有限公司
开　　本	710mm×1000 mm　1/16
印　　张	11
字　　数	220 千字
版　　次	2017 年 6 月第 1 版
印　　次	2022 年 8 月第 2 次
书　　号	ISBN 978-7-5688-2992-2
定　　价	45.00 元

目　录

第1章　创新者的素质

按照熊彼特的理论，创新是创意向市场化的转化，因此创新者首先必须是富有创造力的。但是创新者又不应仅仅是高创造力者，因为创意的产生只是创新的开始，还应是具有企业家思维的人，他们对商业有敏锐的预见性，具备首创精神和冒险本性，有坚忍不拔的品格和卓越出色的管理能力。创新者是企业创新最重要的资源。

10 年、20 年、50 年后的世界需要什么样的人才？要怎样的教育才能培养出这样的人才？在教育领域，引导诸多教育创新的理念和实践的，往往是对一些基本问题的叩问。社会经济的快速发展，越来越依赖于技术创新和社会创新水平的提高，而这也意味着对教育的诉求在不断提升。党的十八大提出了创新驱动发展的伟大战略，更对创新型人才（创新者）的培养提出了更迫切的要求。

1. 1　创新者的胜任力

胜任力（Competence & Competency）就是"具备或完全具备某种资质的状态或者品质"。在 1995 年约翰内斯堡举行的关于胜任能力会议上明确提出胜任力的定义即"影响一个人大部分工作（角色或职责）的一些相关知识、技能和态度，它们与工作的绩效紧密相连，不仅可用一些被广泛接受的标准对它们进行测量，而且可以通过培训与发展加以改善和提高"。胜任力可以根据显现程度的不同分为外显胜任力和内隐胜任力，常用冰山模型来描述。其中外显胜任力包括知识、技能，内隐胜任力包括社会角色、价值观、态度、个性、动机。创新者胜任力是指创新者个体所具备的，与成功实施创新和管理有关的一种专业知识、专业技能和专业价值观和动机。

根据冰山模型，胜任能力可以概括为以下 6 个层级（如表 1-1 所示）。

表 1-1　创新者胜任能力层级定义表

胜任能力　层级	定义	内容
技能	指一个人能完成某项工作或任务所具备的能力	如表达能力、组织能力、决策能力、学习能力等
知识	指一个人对某特定领域的了解	如管理知识、财务知识、文学知识等
价值观	指一个人对事务是非、重要性、必要性等的价值取向	如合作精神、献身精神

续表

胜任能力　层级	定义	内容
自我认知	指一个人对自己的认识和看法	如自信心、乐观精神
品质	指一个人持续而稳定的行为特性	如正直、诚实、责任心
动机	指在一个人内在的自然而持续的想法和偏好，驱动、引导和决定个人行动	如成就需求、人际交往需求

1.2　创新者的胜任力结构

在以信息技术和网络为基础、以全球化为支撑的知识型经济时代，经济的变革对人才培养提出了新的、更高的要求。在创新管理中，我们所需要的创新者是拥有知识和创造力，并运用知识进行创新性工作，他们可以通过自己的创造力和知识使价值得以实现。创新者是科学知识、工程技术、实践经验、创新意识与创新能力以及其他要素（伦理道德的、艺术的、文化的）有机结合的载体，新时代创新者胜任力结构。

1. 汇聚科学、技术、工程与人文的知识基础

人的创新能力的形成，也是以掌握丰富的知识为基础的，只有及时掌握最先进的知识和技能，才能始终站在创新的最前沿。扎实的文化基础、宽阔的知识信息面、独到的专业知识和技能，是创新能力的基本功底。因此，新时代的创新者不仅要适应，还要主动开拓新的知识领域，主动从事科学技术的创新。现代科学技术日新月异且飞速发展，自然科学与社会科学相互渗透，知识日趋综合化，这就要求现代化的人才不仅要重视知识的掌握，而且还要有完善而合理的知识结构。有人曾经用"人才＝知识×知识结构×能力"这个公式来描述知识结构的重要作用。知识结构不同，其功能和作用就各异，人所表现出来的能力大小也不同。在知识比较丰富的情况下，知识结构越合理，人的能力就越强，知识结构越独特，人在某些方面就更具优势。同时，知识结构还应该是一个不断适应、不断创新的动态平衡系统，它能适时地将不同的知识经过系统化、网络化后重新组合，从而使知识结构始终保持高效的状态。所以，新时代的创新者不仅精通本门学科的专业知识，还必须熟悉其他相关学科知识，既掌握自然科学，又涉猎社会科学，将科学知识、技术知识、工程知识、人文知识相互融合，各种知识广泛交叉渗透，建立全方位、综合的、立体的、动态的知识结构。

北京大学王选教授的发明与创新，使中文印刷业告别了"铅与火"，大步跨进"光与电"的时代。他被公认是对中国印刷出版业的现代化做出最大贡献者

之一，被人们赞誉为"当代毕昇"和"汉字激光照排之父"。王选老师成为杰出创新者的原因如下所述。

第一，对科学的热爱和激情。王选老师曾说："一个献身于学术的人，就没有权利再像普通人那样生活，必然失掉常人所能享受的一些乐趣，也会得到常人所不能享受到的不少乐趣。"就像他讲的，名誉也好，地位也好，都不能够带来真正的快乐，只有为一个科学研究中的问题长期思考一直找不到答案，某一天躺在床上突然想到了解决办法，立刻起身把问题解决了，这个时候所享受到的那种愉悦是无法形容的。只有投身于科学实践的人，才会有这样切身的体会，才能够得到这样的享受。王选老师之所以能够获得成功，首先就在于他对科学的热爱和激情。

第二，具有胆识和魄力，以及坚忍不拔的精神。王选老师曾经提出，搞科学技术一定要"顶天立地"。"顶天"就是要一流原始创新的学术，"立地"就是要让成果转化为生产力。他一开始给自己定下的目标就是"顶天"，因为照排机在当时的国外也只有一代机，二代机和三代机都还在探索实验阶段，而王选却跳过了二代机和三代机，直接研制四代激光照排机。他提出的设计方案在世界上首次采用由控制信息（参数）描述汉字笔画特性的方法，而这在当时看来就是"异想天开"，绝大多数人甚至有些权威人士都表示怀疑，王选老师却坚信这个事业是一定能够做成的。在一片质疑声中和异常艰苦的条件下，他脚踏实地，一步一步地攻关，最终取得了成功。

第三，自信而不自负，懂得要依靠团队。王选认为做人首先懂得要为别人考虑，要以身作则，先要做个好人，才能成就事业。王选老师从来不想自己，他想的都是别人，所以别人才愿意跟他合作。王选老师非常重视提拔优秀的年轻人，为他们创造条件。正因为这样，他在北大方正计算机研究所里才能成为精神领袖，他用自己个人的这种人格魅力取得了大家的信任，并团结起这样一个团队取得了重大成就。

第四，交叉的知识结构。王选老师非常重视学科交叉，他曾经说，我为什么能够取得这些成绩？有两条，一条就是有非常扎实的数学基础。他在北京大学遇到了一个非常好的时期，听了许多大师讲的基础课，打下了扎实的数学塞础。另外一条就是搞学科交叉。毕业后，他选修的是当时的冷门——计算机数学专业，使他后来较易进入计算机技术领域。他在搞了两年硬件以后，又转向软件，使他能够驾驭相关领域的知识，促进创新成果的产出。此外，王选老师还具有良好的人文素质，他深厚的人文功底对科研创新起着非常重要的作用。

2. 多元复合的实践技能

创新是从创意产生直至成功商业化的系统过程，创新者在推进创新成功的过程中也需要具有相应的多元复合的实践技能。在研究开发阶段，作为企业创新重要力量的创新者必须具备较高的研究开发和应用新技术的能力，具有一定的创造力倾向；创新的本质是"新"和"商品化"，因此在创新扩散的过程中，技术推动和市场拉动同样重要，创新者树立市场意识，重视顾客需求是非常重要的；创新的不确定性要求创新者在创新开拓、创新设计时还要有风险意识，创新者应该具备敢于承担风险的心理准备，更要具备善于化解风险的创新能力。

在创新过程中，企业资源开始从资本转变为信息和知识创造力，获取信息和资源的商务能力也是创新者所必须具备的。以信息技术为主要标志的高科技进步日新月异，高科技成果向现实生产力的转化越来越快，获取大量有价值的信息是有效创新的基础，因此创新者需要具有较强的信息获取、分析和整合的能力，具有使用多种高效的信息数据处理工具和信息沟通设备能力，能够快速地捕捉瞬息万变的信息，使自己在创新中立于不败之地。

3. 卓越的合作技能

互联网的诞生使人类个体和群体之间的沟通与交流变得空前容易，竞争与合作已经日益突破国家或区域界限而出现不可逆转的全球化趋势，创新资源的流转呈现出网络化和分布化的特点。在这种背景下，合作精神变得空前重要，任何企业的发展与繁荣、任何个人的进步与成功都离不开各种各样的合作。这里讲的"合作"绝不是对独立创造精神的否定，它恰恰是个人潜能得到创造性发挥前提下的合作。因此创新者必须掌握人际交流和沟通的良好技巧，构建和谐的人际关系和环境。

4. 持续的创新创业精神

一个国家如果缺少雄厚的科学和技术储备，缺乏创新能力，必将失去在国际市场的竞争力，因此，创新型人才的状况，实际上是决定国家竞争力的关键。所谓创新型人才不仅需要较高的智力因素，也需要较高的非智力因素，甚至非智力因素比智力因素更为重要。国外学者将创新能力与智力作了比较，认为二者最大的差别是创新能力包含了态度和性格的要素，有创新思维而没有勇气胆识、献身精神和坚强意志，是不可能完成创新过程的，自然也不会有创新带来的辉煌。

哈佛大学的托尼·瓦格纳教授在《教育大未来》一书中提到了面向未来的"七大生存能力"，包括批判性思考与解决问题的能力、跨界合作与以身作则的领导力、灵活性与适应力、主动进取与开创精神、有效的口头与书面沟通能力、评估与分析信息的能力、好奇心与想象力。但在近几年，他意识到上述能力尽管是职业成功的必要条件，但未必能确保年轻人在动态发展的全球社会中发挥最大的潜力。许多公司和政府的领导者都对人才的自主创新能力寄予期望。托尼·瓦格纳教授发现，尽管一个成功的创新者需要具备专业知识和创造性思维能力，但创新者们的内在动机——始终具有改变世界的信念和勇气，这种独特的创新创业精神才是创新者最重要的素质。

1.3　创新者的胜任力特征

创新者工作有一定的复杂性。创新者拥有知识资本，成为资本拥有者，这是其资本性的一面，但同时创新者又是劳动者，其人性的一面与普通员工没有本质区别。创新者的工作具有创造性，对新知识的探索、对新事物的创造过程主要是在独立、自主的环境下进行。他们更多从事思维性工作，他们的工作是一种全过程式的劳动，工作时间和地点灵活多变，经常延伸至八小时以外和家庭之中；加上创新者劳动过程的内隐性，劳动的结果不易衡量。企业如何给创新者创造一个宽松的工作环境，给予一定的自主、自治权，已被看作创新者激励手段的一方面。

创新者需求具有个性化。由于创新者的生存需求及安全需要往往已得到满足，因而会转向追求更高层次的需求。对创新者而言，高薪职位只是前来投效的诱因，工作的主要目的是满足发展需求和从工作中获得内部满足感，他们希望在工作中拥有更大的自主权、工作弹性和决定权，同时也特别看重支持；他们期望通过一种创造性或者挑战性的工作实绩来获得精神、物质及地位上的满足。所以，对创新者的激励必须由以外在、当前的物质激励为主转向以内在、未来的成就和成长激励为主。创新者的教育程度、工作性质、工作方法和环境等与众不同，使他们形成了独特的思维方式、情感表达方式和心理需求。特别是随着社会的不断进步，创新者的需求正向个性化和多元化趋势发展。

创新者的工作投入高于组织承诺。创新者与传统意义上的员工最大的不同是拥有随身携带的巨大的资本资产。这就决定了他们在就业选择上具有了相当程度的主动权，对组织的依赖性明显低于普通员工，相应的职业流动性也随之增大。他们有自己的福利最大化函数，是否加入某个企业是出于自身的选择，如果待遇不公或者收入未达到他们的期望值，就可能另谋出路。为了和专业的发展保持同步，他们需要经常更新知识，得到更多的学习提高机会，希望工作性质能使自己不断充实提高。如果不能满足其职业发展上的要求，他们很可能选择"背叛"组织而不是"背叛"专业，另谋出路。因此，与其他类型的员工相比，创新者更重视能够促进他们不断发展的、有挑战性的工作，他们对知识、对个体和事业的成功有着持续不断的追求；他们要求给予自主权，使之能够以自己认为有效的方式进行工作并完成组织交给的任务，获得一份与自己贡献相称的报酬并分享自己创造的财富，与成功、自主和成就相比，金钱的边际价值已经退居相对次要的地位。

一般而言，创新者最重要的特征如表1-2所示。

表 1-2 创新者的胜任力特征

胜任力要素	典型特征
具有开拓精神,不墨守成规,喜欢做挑战性的工作,敢于冒险	创新者首先应该具备这种精神,或者说这种性格。这种精神,有天生的成分,但更多的是在后天环境中逐步形成,如家庭以及其他成长环境的影响等。惯例、定规的东西,可能是对前人创新成果的最佳肯定,但反过来对后人产生一定的束缚作用。积极创新的人应该勇于突破,在借鉴前人优秀成果的同时,不要拘泥于他们的所有条条框框中。当然,这种挑战性的工作具有风险,你很有可能做了几年甚至更长时间的研究,换来的却是失败。这就需创新者具有足够的勇气
有恒心和毅力	"千里之行,始于足下。"创新是一个漫长而又艰难的过程,挫折是家常便饭。对于创新者而言,除了创新意识和勇气之外,更要有恒心和毅力。创新是要突破现有的条条框框,发现新的东西,这不是一蹴而就的事。正因为拥有这种恒心和毅力,爱迪生才能发明电灯
有敬业精神和责任心	创新者要钟爱自己的行业(或者说事业),并且敢于负责。很难想象一个整天想着别的事情的人会把精力放在创新上,会有所作为。创新型人才应该具备强烈的敬业精神和责任心,对自己的事业敢于创新,对自己的行为勇于负责
具有强烈的自信心	自信心对什么事都很重要,对创新者尤其重要。凡成功人士,大部分人都具有比常人强烈的自信心。自信心是建立在客观基础上的,是基于对自己能力、对周围环境、对技术条件等综合因素的正确分析
兴趣广泛,信息沟通广泛	时代的迅速发展告诉我们,要创新,不仅要有扎实的专业知识,还要有广泛的知识面和广泛的兴趣。信息时代信息变化很快,这就需要有优越的沟通设备和手段,快速地捕捉瞬息万变的信息,使自己在创新中立于不败之地
有好奇心,并能够拼搏之	心理学研究表明,好奇心具有强大的推动力,并且使人发挥出超常的创造力。创新者的性格特征中,应该有强烈的好奇心,这样才能引起对未知事物的好奇,驱使创新。研究表明,在好奇心的驱使下,创新行为的发生率大大提高,人的拼搏力也得到很大的加强
有远大抱负,有魄力	创新者必须有远大抱负,不拘泥于眼前的既得成果,要站得高看得远,具有战略眼光和洞察力。只有具备了这种抱负、这种魄力,才有可能不断创新,成果不断

胜任力要素	典型特征
有风险意识	创新具有不确定性，在开发出来产品以前，很难准确预测有什么样的新技术出现。相反，即使投入大量的人力扣资金，却没有搞出成果的研究开发事例也不少。因此，创新者的创新开拓、创新设计要有风险意识，应该具备敢于承担风险的心理准备，具备善于化解风险的创新能力
善于合作	信息社会，企业资源开始从资本转变为信息和知识创造力。而信息是个网络，知识创造力是个工程，创新者需要组成团队，形成梯队，善于合作，增强全球意识，树立不断进取精神，才能有较大作为
具有市场和应用意识	市场经济条件下企业创新的本质是"新"和"商品化"，技术推动和市场推动同样重要，从企业经济效益的角度看，尤其注重市场实现，要把创新者的市场观念转变放在不可忽视的地位

第2章 创新的类型、过程、模式

2.1 创新的概念

推动创新发展的基础必须正确地理解与把握其概念及本质，这是有效提升创新能力的前提和关键。一般说来，可以从经济学和管理学两个角度加以解释创新的含义。

2.1.1 创新概念的经济学解释

创新这一概念是美籍奥地利经济学家熊彼特首先系统地定义的，他在其著作《经济发展理论》中提出，创新是指企业家对于生产要素"进行新的组合"，从而获得超额利润的过程。熊彼特将其所指的创新组合概括为以下五种形式：①引入新的产品或提供产品的新质量；②采用新的生产方法、新的工艺过程；③开辟新的市场；④开拓并利用新的原材料或半制成品新的供给来源；⑤采用新的组织方法。熊彼特创立创新理论的主要目的在于对经济增长和经济周期的内在机理提供一种全新的解释，利用创新理论分析资本主义经济运行呈现"繁荣—衰退—萧条—复苏"四阶段循环的原因，说明了不同程度的创新，会导引长短不等的三种经济周期，并确认创新能够引发经济增长。熊彼特等人对创新的定义，突出之处是强调了经济要素的有效组合，即创新应是信息、人才、物质材料与企业家才能等经济要素的有机配合，形成独特的协同效用。

熊彼特所描绘的五种创新组合，大致可归纳为三大类：一是技术创新，包括新产品的开发，老产品的改造，新生产方式的采用，新供给来源的获得，以及新原材料的利用；二是市场创新，包括扩大原有市场的份额及开拓新的市场；三是组织创新，包括变革原有组织形式及建立新的经营组织。熊彼特谢世之后，他的主要追随者从不同的角度与层次，对创新理论进行了分解研究，并发展出两个独立的分支：一是技术创新理论，主要以技术创新和市场创新为研究对象；二是组织创新理论，主要以组织变革和组织形成研究对象。本书所介绍的创新思想是基于技术创新理论的分析和综合。

2.1.2 创新概念的管理学解释

从企业管理的角度，组织创新作为技术创新的平台，推动技术创新成为企业永续发展的根基，因此技术创新能力的提升是企业核心竞争力提升的关键。技术创新的管理学解释强调了"过程"与"产出"（将设想做到市场），是指从新思想产生，到研究、发展、试制、生产制造直至首次商业化的全过程，是发明、发展和商业化的聚合，在这一复杂过程中，任何一个环节的短缺，都不能形成最终的市场价值（如图 2-1 所示），任何一个环节的低效连接，都会导致创新的滞后。

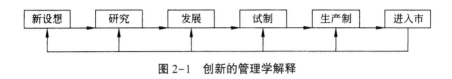

图 2-1　创新的管理学解释

2. 1. 3　创新与创造的区别

创新与创造密切相关，在某些情况下，互相包容，互相替用，二者又有区别。美国创造学家帕内斯指出："创造行为就是产生具有独特性和价值性成果的行为。这种成果对小群体，一个组织，整个社会乃至一个人都具有独特性，价值性。"据此可以推断，创造的本质内涵是：主体为了达到一定的目的，遵循人的创造活动的规律，发挥创造的能力和人格特质，创造出新颖独特，具有社会或个人价值的产品活动。"新颖独特"则是创造的本质性内涵，表明了创造的"首创性""独特性"。人人都有创造力，创造力是一种潜能，人的创造潜能表现在某一个领域方面，要求具备领域内或相关领域的知识和自身在这个领域的"先天"潜能得到开发、启动、激活，这需要主体在创新实践过程中把这种创造潜能开发出来，在某一个领域方面虽然没有这个方面的"先天"条件，但是只要经过创新实践去培养、开发主体的创新思维，也同样能够创造出某个领域内的新成果。

而创新的基本特征也具有"独创性"，这一点创新和创造是相似的。但是创新的标志是技术进步，而创造的标志是专利和首创权；创新还具有价值性，即创新符合社会意义和社会价值；同时还具有实践性，创新是一个实践过程，在实践基础上，实现主体客体化和客体主体化的统一；此外创新强调商业化的首次运用，创新过程是主体创新个性因素和创新社会因素的内外整合过程，创新成果是创新主体对创新能力各个构成要素实现有机整合的结果。

2. 2　创新的类型

从本质上说，创新是一种变革，在创新过程中聚焦于技术方面的变革是永恒的主题，因此有必要了解创新的多种类型和相关特点。

2. 2. 1　产品创新

产品创新就是指提出一种能够满足顾客需要或解决顾客问题的新产品。例如，苹果公司推出的 iPhone 手机、海尔推出的"环保双动力"洗衣机（"不用洗衣粉的洗衣机"）、华为推出的带指纹识别功能的 Mate8 智能手机等，都是产品创新的例子。

产品创新又可分为元器件创新（Component Innovation）、架构创新（Architecture Innovation）和复杂产品系统（Complex Products and Systems，CPS）创新三类。

1）元器件创新

大部分产品和工艺是分级嵌套的系统，也就是说，不管用怎样的分析单位，该产品都是由一个元器件构成的系统，并且每一级元器件都是一个由次一级元器件组成的系统，直到某一级上的元器件是不可再分的基本元件为止。举例来说，自行车是一个由车架、车轮、轮胎、车座和刹车闸等元器件组成的系统。这些元器件里每一个也都是一个元器件系统，例如，车座可以看作是由包括金属和塑料框架、填料，以及尼龙封皮等元器件组成的系统。

以下创新可能导致个别元器件的变化，也可能导致元器件运转所处的整个结构的变化，或者两者都发生变化。如果创新导致一个或多个元器件发生变化，但是并不严重影响整个系统的结构，这样的创新称为元器件创新。例如，一项自行车车座技术的创新（如添加灌有凝胶的材料从而增强减震效果）并不需要对自行车的其余结构作任何改变。

2）构架创新

与此相反，如果创新导致整个系统结构或者组件之间作用方式的变化，就称为构架创新。一项严格的构架创新可能改变了系统中组件互连的方式，却并不改变这些组件本身。但是，大部分构架创新不仅仅改变组件的互联方式，还改变组件本身，从整个设计上改变了系统。构架创新条对产业内竞争者和技术用户产生深远和复杂的影响。

举例来说，从功能手机到智能手机的转变是一种构架创新，这项创新要求许多手机组件的变化（并使这些变化可行），包括人们使用手机的方式都发生了改变。

要发起或者采用一件元器件创新只要求一个企业具备该元器件的专业知识就行了。然而，发起或者采用一个构架创新要求企业掌握元器件间如何连接并整合起来组成整个系统的结构知识。企业必须了解各种元器件的特性如果相互作用，以及一些系统特性的改变会触发整个系统或者个别元器件的许多其他结构特性的变化。

3）复杂产品系统创新

复杂产品系统（Complex Product Systems，CoPS）创新是由美国军事开发系统中大型技术系统（Large Technical Systems）演化而来的（Hobday，1998），即使在西方，复杂产品系统也是一个较新的概念，到 20 世纪 90 年代末期才出现了比较清晰简单的定义 (陈劲等, 2004)。

复杂产品系统指的是研发开发投入大、技术含量高、单件或小批量定制生产的大型产品、系统或基础设施 (Hobday 1998; Hansen and Rush, 1998)。它包括了大型电信通信系统、大型计算机、航空航天系统、智能大厦、电力网络控制系统、大型船只、局速列车、半导体生产线、信息系统等 (如表 2-1 所示), 与现代工业休戚相关。它们虽然生产产量小, 但由于其规模大、单价高, 所以整个复杂产品系统产业的总产值占 GDP 的份额比较高, 在现代经济发展中发挥着非常重要的作用。

表 2-1　复杂产品系统实例

航空控制系统	航空发动机	飞机跑道
机场	导航设备	大型船只
机场行李处理系统	银行自动交易系统	天文台
商业信息网络	大型化工厂	大型计算机
电力网络控制系统	大型桥梁	电信程控交换机
飞行模拟器	船坞	空间站
高速列车	柔性制造系统	同步粒子加速器
智能大厦	直升机	电信业务集散处理系统
半导体生产车间	喷气式战斗机	水净化系统
微芯片生产车间	制导系统	供水系统
核电厂	核聚变设施	污水处理设施
海洋钻井	码头卸载系统	微波发射塔
客机	半导体光刻设施	

资料来源: Hobday M. Product complexity, innovation and industrial organisation [J]. Research Policy, 1998, 26 (6): 689-710.

英国 Sussex 大学 SPRU 中心研究人员 Miller 和 Hobday 通过调查英国各种产品数据资料认为复杂产品系统至少占 GDP 的 11%, 至少提供了 140 万~430 万个工作岗位 (Miller and Hobday, 1995), 他们的研究进一步指出英国之所以能够维持其在世界经济中的地位, 复杂产品系统创新功不可没。复杂产品系统由于其综合程度高, 由众多子系统和零部件组成, 其开发的成功能够推动其他产业发展, 进而带动其他普通大规模制造产品的发展 (如更为先进的大规模制造产品生产线的研制和应用)。

从技术扩散的角度来看, 复杂产品系统由于涉及的技术种类多, 技术含量高, 其开发成功能够直接导致内嵌在复杂产品系统的各种模块技术可以应用到其他领域，这种技术扩散的速度远远快于普通产品创新，从而引起整个相关产业链的技术升级，带来国家竞争力的提升。

2.2.2　工艺创新

工艺创新则是指企业采取某种方式对新产品及新服务进行生产、传输，是对产品的加工过程、工艺路线以及设备所进行的创新，例如，新型洗衣机和抗癌新药的生产过程中生产工艺及生产设备的调整，银行数据信息处理系统的相关使用程序及处理程序等。工艺创新的目的是提高产品质量、降低生产成本、降低消耗与改善工作环境。当然，上述两种区分并不是绝对的，有时两者之间的边界不甚清晰，例如，一台新型的太阳能动力轿车既是产品创新，也是工艺创新。尤其值得注意的是，在服务领域产品创新和工艺创新通常交织在一起。

在新的市场竞争中，企业面临着不断提高效率、质量和灵活性的要求。企业如果能够生产出别的企业生产不出的产品，或者企业能够以一种更为经济有效的方式组织生产，那么企业同样能够建立竞争优势。研究表明，企业利用外部技术和快速进入新产品市场的巨大优势来源于企业注重对新产品和新服务进行生产和传输的能力，即企业进行工艺创新的能力。创新型企业就是在其所涉及的领域内持续不断地寻求新的突破，从而降低成本、提高质量、增强灵活性，最终将价格、质量和性能各方面都很突出的产品提供给市场。例如，日本汽车、摩托车、造船和家用电器等领域的成功很大程度上应归功于其先进的制造能力，而先进的制造能力的来源是持续不断地工艺创新。

2.2.3　服务创新

现代经济发展过程中一个显著的特征是服务业的迅猛发展，其在国民经济中的地位越来越重要。服务业已成为世界经济发展的核心，是世界经济一体化的推动力。越来越多的企业和服务行业开展服务创新，以提高服务生产和服务产品的质量，降低企业的成本率，发展新的服务理念。

服务创新是企业为了提高服务质量和创造新的市场价值而发生的服务要素变化，对服务系统进行有目的、有组织的改变的动态过程。服务创新的理论研究来源于技术创新，两者之间有着紧密的联系。但是由于服务业的独特性，使服务业的创新与制造业的技术创新有所区别，并有它独特的创新战略。

市场竞争的日益激烈使服务的重要性越来越突出，在产品日益同质化的今天，谁拥有较高的客户满意度，谁就拥有向竞争对手叫板的资本。企业的竞争优势从根本上说，来自产品和服务的品质；从长远来说，则来自企业的管理整合能力。质优价廉的产品和优良的服务是吸引并留住客户的不二法门，而优秀的管理则是企业在更高层次上展开竞争的最重要的基础。因此，要保持并进一步提高企业的市场竞争优势，就必须深入贯彻"产品差异化"和"成本领先策略"。要实现"产品差异化",我们必须坚持不断地开展产品、技术、市场和服务创新;要实现"成本领先策略",我们就必须深入开展管理创新,加强企业内部管理整合,通过引进内部竞争机制等多种途径,在保证产品质量不断提高的同时,努力降低企业运作成本和产品生产成本,提高企业效益。企业的服务创新的本质就是以顾客需求为中心,长期重视创新能力的积聚,在关键技术领域建立企业的核心能力,向顾客提供高质量的、精心设计的产品。例如,花旗银行通过技术创新的应用,为顾客提供自动提款机(ATM)之类的服务,从而在市场中成为技术主导,提高银行的可持续竞争力。

服务创新可以分为五种类型:服务产品创新、服务流程创新、服务管理创新、服务技术创新、服务模式创新。

1. 服务产品创新

服务产品创新是指服务内容或者服务产品的变革。创新重点是产品的设计和生产能力。例如,一项自行车车座技术的元件可以添加灌有凝胶的材料从而增强减震效果,而并不需要对自行车的其余结构作任何改变。

2. 服务流程创新

服务流程创新是指服务产品生产和交付流程的更新。过程创新可以划分为两类:生产过程创新,即后台创新;以及交付过程创新,即前台创新。过程和产品创新的区分有时是困难的。在供应商和顾客的关系比较密切的服务企业,顾客需要参与到服务过程中,服务产品由供应商和顾客共同完成,那么产品与过程就很难区分,所以在这些企业中,产品创新和过程创新的区别是困难的。

3. 服务管理创新

服务管理创新是指服务组织形式或服务管理的新模式,例如,服务企业导入全面质量管理(TQM)、海底捞火锅对员工独特的管理创新等。

4. 服务技术创新

服务技术创新是指支撑所提供服务的技术手段方面的创新,如支付宝推出的"刷脸支付"、华为 Mate8 智能手机的指纹识别服务、电影院推出的网上自助订票选座服务等。

5. 服务模式创新

服务模式创新是指服务企业所提供服务的商业模式方面的创新。例如,有初创公司针对传统的洗车店洗车、去推拿店推拿而推出 O2O 上门洗车服务、O2O 上门推拿服务等。

以上五种服务创新都应围绕用户的服务体验为核心,如图 2-2 所示。

图 2-2　服务创新五角星模型

2.2.4　商业模式创新

管理学大师彼得·德鲁克曾经说过："当今企业之间的竞争，不是产品之间的竞争，而是商业模式之间的竞争。

商业模式创新：对目前行业内通用的为顾客创造价值的方式提出挑战，力求满足顾客不断变化的要求，为顾客提供更多的价值，为企业开拓新的市场，吸引新的客户群。一个简单的例子是：传统的书店决定利用互联网来销售书籍，即开通网上书店。与传统书店相比，Amazon 和当当网就是一种商业模式创新。

商业模式的概念

商业模式的定义有很多，但目前最为管理学界接受的是 Osterwalder，Pigneur 和 Tucci 在 2005 年发表的《厘清商业模式：这个概念的起源、现状和未来》一文中提出的定义："商业模式是一种包含了一系列要素及其关系的概念性工具，用以阐明某个特定实体的商业逻辑。它描述了公司所能为客户提供的价值以及公司的内部结构、合作伙伴网络和关系资本等用以实现（创造、营销和交付）这一价值并产生可持续、可营利性收入的要素。"

这个定义明确了商业模式的特征，商业模式展现的一个公司赖以创造和出售价值的关系和要素可以细分为 9 个要素（价值主张、消费者目标群体、分销渠道、客户关系、价值配置、核心能力、合作伙伴网络、成本结构、收入模型），衡量一个企业商业模式是否合格，我们就可以用以下这 9 个要素去衡量。

·**价值主张**（Value Proposition）：公司通过其产品和服务所能向消费者提供的价值。价值主张确认了公司对消费者的实用意义。

·**消费者目标群体**（Target Customer Segments）：公司所瞄准的消费者群体。这些群体具有某些共性，从而使公司能够（针对这些共性）创造价值。定义消费者群体的过程也被称为市场划分（MarketSegmentation）。

·**分销渠道**（Distribution Channels）：公司用来接触消费者的各种途径。这里阐述了公司如何开拓市场。它涉及公司的市场和分销策略。

·**客户关系**（Customer Relationships）：公司同其消费者群体之间所建立的联系。我们所说的客户关系管理（Customer Relationship Management）即与此相关。

·**价值配置**（Value Configurations）：资源和活动的配置。

·**核心能力**（Core Capabilities）：公司执行其商业模式所需的能力和资格。

·**合作伙伴网络**（Partner Network）：公司同其他公司之间为有效地提供价值并实现其商业化而形成的合作关系网络。这也描述了公司的商业联盟（Business Alliances）范围。

·**成本结构**（Cost Structure）：所使用的工具和方法的货币描述。

·**收入模型**（Revenue Model）：公司通过各种收入流（RevenueFlow）来创造财富的途径。

商业模式画布如图 2-3 所示。

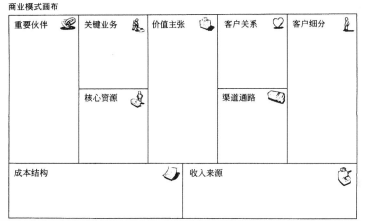

资料来源：亚历山大·奥斯特瓦德（Alexander Osterwalder），伊夫·皮尼厄（Yves Pigneur）.商业模式新生代［M］.北京：机械工业出版社，2010.

图 2-3   商业模式画布支付宝的商业模式创新

2. 2. 5   渐进性创新

按照创新强度的不同，技术创新可以分为渐进性创新（Incremental Innovation）与突破性创新（Breakthrough Innovation/Radical Innovation）。

渐进性创新是指，在原有的技术轨迹下，对产品或工艺流程等进行的程度较小的改进和提升。

一般认为，渐进性创新对现有产品的改变相对较小，能充分发挥已有技术的潜能，并经常能强化现有的成熟型公司的优势，特别是强化已有企业的组织能力，对公司的技术能力、规模等要求较低。

对火箭发动机、计算机和合成纤维的研究表明，渐进性创新对产品成本、可靠性和其他性能都有显著影响。虽然单个创新所带来的变化都很小，但它们的累计效果常常超过初始创新。福特 T 型车早期价格的降低和可靠性的提高就呈现出这种格局。1908—1926 年，汽车价格从 1200 美元降到 290 美元，而劳动生产率和资本生产率却都得到了显著提高。成本的降低是无数次工艺改进的结果，究竟多少，福特本人也数不清楚。它们一方面通过改进焊接、铸造和装配技术以及通过材料替代降低成本；另一方面他们还通过改进产品设计提高汽车的性能及可靠性，从而使 T 型车在市场上更具吸引力。

虽然渐进性创新对于企业盈利状况的影响力往往是相对较小的，但通过渐进性创新，能够提高顾客满意度，增加产品或服务的功效，由此也可以产生正面的影响力。同样，渐进性的流程创新能够提高企业生产力并降低成本。

从理论上说，虽然渐进性创新没有显著利用新的科学原理，但随着时间的流逝，逐渐产生巨大的积累性经济效果，相对于突破性创新给企业带来的巨大风险与困难，许多公司经营者倾向于采取渐进性创新模式。

在腾讯，渐进性创新的案例数不胜数，维持快速迭代的渐进性创新，是腾讯产品持续成功的重要因素之一。从 QQ 第一个版本到现在，腾讯发布了数以百计个版本的 QQ，这其中当然有大的重构和功能的革新，但更多的是遍布在小版本中的渐进性创新。

腾讯是最早执行快速迭代微创新的互联网企业之一，正是这种微创新能力使它击败了 MSN、联众、盛大等众多的互联网巨头，获得强大的盈利能力。

从 2011 年 1 月推出到年底，微信在 1 年的时间里更新了 11 个版本，平均每个月迭代一个版本。1.0 版本仅有聊天功能，1.1 版本增加对手机通信录的读取，1.2 版本打通腾讯微博，1.3 版本加入多人会话，2.0 版本加入语音对讲功能。直到这个时候，腾讯才完成了对竞争对手的模仿和追赶，开始创新之路。

许多实证的研究显示，渐进性创新只能维持企业现有产品的竞争能力，当市场出现携突破性创新成果进行竞争的企业对手时，现有的成熟大型公司就可能丧失其市场领先地位。历史上，晶体管的出现几乎击溃了所有的电子管生产企业，而当时电子管生产企业正孜孜不倦的致力于渐进性创新、日本石英钟技术的发展给瑞士的钟表业致命的打击，而这种技术恰是当年从瑞士流出的，优秀的瑞士科技人员和企业家正精益求精地进行着自己的渐进性创新以提高机械表的性能，这些教训说明，渐进性创新可以保持优势，但是，它很容易被突破性创新的旋涡所吞噬。

服务型行业的渐进性创新表现为：旅馆简化顾客登记程序；银行重新装修营业大厅；养老院更换上显眼的标志以方便视力退化的老年人；国际航线座椅增加 USB 充电口等。

对于一直致力于开拓新市场和开发新产品的企业来说，不断改进是获得成功的要素。这些企业都认识到，无数次的渐进性创新是整个创新过程必不可少的一部分。因此渐进性创新也是一种有益的、不可或缺的尝试，应该予以支持。但是缺乏前瞻性的渐进性创新最终产生的效果是，企业止步不前，无法创造出更好的产品、服务和市场。

2. 2. 6　突破性创新

突破性创新是导致产品性能主要指标发生巨大跃迁，对市场规则、竞争态势、产业版图具有决定性影响，甚至导致产业重新洗牌的一类创新。

这类创新需要全新的概念与重大的技术突破，往往需要优秀的科学家或工程师花费大量的资金来实现，历时 8~10 年或更长的时间。这些创新常伴有一系列的产品创新与工艺创新以及企业组织创新，甚至导致产业结构的变革。很难用增加多少收入衡量什么是突破性创新，因为这还取决于公司的规模和耗费的成本。因此突破性创新只能是所谓的"突破"，但如果给突破性创新下个定义，也只能用它自身来界定其含义。通过流程改进显著降低成本或显著提高产量，那么这样的流程改进也可以说是一种突破。

有时候突破性发明也会使企业获得突破性的创新成果。突破性发明是人类向前跨越的一大步，它可能无法使某个企业获得"先来者的优势"，但往往能孕育出一个全新的行业。汽车、电、青霉素、互联网、万维网，这些都是具有突破性的发明和发现。

所有成功的技术型企业都需要持续性（渐进性）创新来满足当前客户不断变化的需求，由此实现企业的持续成长。但是这些创新还必须周期性地辅以不连续性创新（Discontinuous Innovation）。突破性创新就是一类主要的不连续性创新。一个突破性创新项目有潜力至少达成下列目标中的一个：

* 一套全新的性能特征；
* 已知性能指标至少 5 倍的改进；
* 成本的大幅度（>30%）下降。

那些生存了数十年的大公司，如 IBM、GE、摩托罗拉、惠普、西门子、飞利浦、3M、通用汽车和杜邦等会有规律地用突破性创新来打断正在进行的渐进性创新。

但是在重大的突破性创新方面所做的努力，包括大公司所做的工作，失败往往多过成功。虽然看起来有很多小型的创业型企业（特别是来自美国硅谷的企业）在进行突破性创新，并将它们带入市场，实际情况却是，它们中的大多数都失败了。一项最近的研究表明，在美国风险资本（VC）支持的新企业所进行的创新中，只有小部分从属于第一类（真正的突破性发现）和第二类（基础技术的改进）创新，因为风险基金的生命周期有限（通常是 8 年），并不鼓励投资长期的、高风险项目，尽管这些项目的获利潜力很高。

　　显而易见，就算在美国、欧洲和日本之类先进的发达国家，突破性创新的方法也很难实施，因为该方法不仅需要投入大量的时间和资金，还需要高层领导的关注。因此，对发展中国家来说，理解突破性创新的本质并以开放的眼光实施创新是非常重要的。除此之外，同步引入/推广哈佛大学克莱顿·克里斯藤森教授提出的另一种不连续性创新方法——破坏性（Disruptive）创新，对发展中国家来说也许是一种明智和更为现实的做法。

　　突破性创新与渐进性创新的总体区别可以借助技术轨道的概念来理解。当一种区别于技术Ⅰ的新技术Ⅱ的新思想提出以后，首先要进行突破性的创新，尽管这种突破性创新的产品可能在早期阶段要比前一代技术差，产品的性能不如前一代产品。例如，最初发明的火车其速度不如马车跑得快，但当解决了主要技术难题之后，将经历一个技术水平与产品性能急剧上升的过程，直到产品的主要技术性能指标稳定下来。这时，企业就转入渐进性创新阶段，直到出现新的技术轨道Ⅲ，当技术轨道Ⅲ所带来的技术生产的产品在市场上超过技术轨道Ⅱ时，渐进性创新便以衰败告终。如果一个企业同时开展技术轨道Ⅱ上的渐进性创新与技术轨道Ⅲ上的突破性创新的研究工作，该企业可以保持持续的竞争优势，如果从事技术轨道Ⅱ的企业没有从事技术轨道Ⅲ的技术轨道的研究，新企业将挑战在技术轨道Ⅲ领先的企业，导致技术轨道Ⅲ中期阶段市场竞争格局的重新洗牌。

　　突破性创新与渐进性创新在创新目标、组织、过程以及不确定性等方面都存在显著的不同（如表2-2所示）。

表2-2　渐进性创新与突破性创新的多角度比较

比较项目	渐进性创新	突破性创新
创新目标	维持与加强现有市场地位	改变游戏规则，实现跨越
重点	原有产品成本和性能的提高	开发新产业、产品/工艺
技术	现有技术的开发利用	研究探索新技术
不确定性	低	高
技术轨道	线性的、连续的	发散的、不连续的
商业计划	创新开始即制订计划	基于探索性学习而演化
新思想产生与机会识别	在前一创新末期产生	偶发于整个生命周期
主要参与者	正式的交叉功能的团队	具有多种功能知识的个人，非正式的网络
过程	正式的阶段模型	早期阶段为非正式的柔性—后期阶段为正式的

续表

比较项目	渐进性创新	突破性创新
组织结构	在业务单位内部运转的跨功能项目小组	思想—孵化器—目标驱动的项目组
资源与能力	标准的资源配置	创造性获取资源与能力
运营单位的介入	早在一开始就正式介入	早期的非正式介入—后期正式介入

进一步的统计研究发现，在适应对象方面，突破性创新与渐进性创新也存在差异。突破性创新多发生于一些中小企业，而大型企业多从事渐进性的创新。学术界从技术历史角度的研究也发现，成熟型大公司往往被小公司的突破性创新淘汰出局。这主要是因为原有的在前一代技术轨道建立起来的组织规章、企业文化、激励机制、经营策略、组织能力都与前一代技术轨道后期的渐进性创新相适用。在前一代技术轨道积累的成功经验、核心能力与竞争优势恰恰成为新一轮竞争的障碍。

Leifer 等人（2000）利用生命周期观点，建立了突破性创新的过程模型，对突破性创新过程的内在规律进行了考察，得到了突破性创新生命周期不同于渐进性创新生命周期的一般特性，归纳如下：

·长期性——往往是十年或者更长的时间；

·高度的不确定性和不可预测性；

·偶发性——停止和开始，中断和再生；

·非线性——需要通过对中断作出反应的一些活动和反馈周而复始，需要不断地应用全部关键的突破性创新项目管理能力；

·随机性——主要参与人员不固定，重点不断变化，容易受外界环境的影响等；

·背景依赖性—历史、经验、企业文化、个性和非正式关系等各种因素相互影响，产生各种积极和消极的因素。

2. 2. 7　原始性创新、集成创新和引进消化吸收再创新

提高自主创新能力是增强国家核心竞争力的迫切要求，自主创新的内涵包括原始性创新、集成创新和引进消化吸收再创新三个方面，这些创新模式各自具有以下特征。

技术引进消化吸收再创新，是指要想通过技术引进培育本国的技术能力，就必须实现对引进技术消化吸收的基础上进行再次创新，使引进技术在适应本国条件的情况下快速商业化，形成具有本国特色的自主创新能力，技术引进消化吸收再创新的竞争战略的核心在于赢得"后发优势"。

光纤通信技术是一项具有划时代意义的高技术，它的诞生为信息社会的发展奠定了基础，其意义并不亚于一百多年前电报的发明。正因为如此，1990 年美国工程科学院评出的 35 年来人类取得的十大工程技术成就中，与登月、应用卫星、遗传工程并列的一项，就是光纤通信技术。

与许多其他高技术在中国的发展和实用化过程相比，长飞公司光纤通信技术的创新是成功的，不但研究工作跟踪了国际水平，而且在消化吸收与创新国际先进技术与工艺、形成产业和推广应用方面成绩斐然，表现在以下方面：①形成了较大的光纤生产能力，可年产光纤 4.8 万公里，将中国光纤生产总量提高一倍，对引进的生产工艺稍加改进，年产光纤量可达 12 万公里，已接近光纤生产的国际先进水平，从而改变了中国光纤依靠进口的局面；②中国的光纤逐步进入国际市场，合资生产的光纤有 20% 外销；③CPVD 工艺，作为迄今世界上生产光纤最先进的工艺之一，已于 1990 年为长飞公司通过自主的研究开发所掌握。

集成创新指出创新需要同时关注三个方面的管理领域：其一，将用户培养成协作开发者；其二，创造一个支持系统，包括一个支持者网络以及充分适用的用户配送系统；其三，组织模型，也就是通过实验和有计划地学习新技术的集成；集成创新的实现模式可以大致分为一体化集成模式、市场型集成模式，以及一体化组织形式与市场组织形式之间的各种网络、

中车四方在集成创新方面取得了卓越的成就。中车四方的 CRH380A 型高速动车组，就属于顶层设计驱动下的集成创新。2008 年，铁道部和科技部签署了《中国高速列车自主创新联合行动计划协议》，确定了时速 350 公里及以上中国高速铁路技术体系的顶层设计，中车四方等公司就按照顶层设计的要求开展产品的研发设计工作。中车四方遵循顶层设计提出的目标，将整体目标拆解成多个子系统，然后找到各子系统现有解决方案和设计目标之间的差距，针对性对各个子系统的解决方案进行优化或重新设计，最后形成从内到外的一揽子整体解决方案。

原始创新意味着在研究开发方面，特别是在基础研究和高技术研究领域做出前人所没有的发现或发明，推出创新成果，与一般的创新机制相比，原始性创新的创新源广泛，创新过程漫长且需要持续的激励。原始创新具有四方面特征：其一，是不连续事件和小概率事件；其二，在基本观念、研究思路、研究方法和研究方向上有根本的转变，其结果或者是实现"范式"的变革，导致科学革命，或者是开辟新的研究方向和研究领域，创建新的学科；其三，往往在一段时间内，导致与之相关的创新簇群，或知识生产的"连锁反应"；其四，其效果通常不是短时间内能够准确估量的。中国现有的技术创新绝大多数是基于技术引进或模仿创新，原始性创新极少，这对我国的持续竞争力提出了极大的挑战。知识经济的核心是创新，只有创新才能使企业的产品和服务获得高附加值，只有创新才能使企业赢得竞争优势，只有创新才能为企业带来可持续的增长。

戴姆勒公司是世界汽车工业的鼻祖，始建于 1926 年，创立人是被誉为"汽

车之父"的德国人卡尔·本茨和戈特利布·戴姆勒。奔驰汽车公司是用其创始人之一的卡尔·本茨的姓名命名的。

世界汽车工业先驱、著名的汽车发明家卡尔·本茨，1844 年 11 月 25 日出生在德国南方小城卡尔斯鲁厄，父亲是一位火车司机。年轻的卡尔·本茨在不同的公司打工，做过制图员、设计师和厂长。1871 年他创建了自己的公司，研制两冲程引擎。1879 年圣诞节前，他的引擎终于研制成功，已经有了电池和火花塞，并且获得了多项专利。1883 年，卡尔·本茨创建了"本茨公司"（Benz & Co）。1886 年 1 月 29 日，卡尔·本茨发明的"安装有汽油发动机的交通工具"，即世界上第一辆汽车诞生，得到了柏林专利局颁发的专利证书。这辆采用单缸发动机的三个轮子的汽车，时速最快为 15 公里。为了让世人了解这项伟大发明将会给人类来多么大的方便，勇敢的本茨太太于 1888 年 8 月，带上两个孩子，驾着这辆被命名为"奔驰 1 号"的汽车，成功地驶向 100 公里以外的一个小镇去访问亲戚。这次历史性"汽车之旅"，引起了当时社会的震动。1890 年，"本茨公司"又有新的投资者加入，全年向市场供应了 603 辆汽车，其中 341 辆被运往国外，成为当时世界上最大的汽车制造和销售公司。

2.3　创新的模式

2.3.1　线性模型

"二战"后，英国经济学家提出了线性模型。由于该模型简单明了，因此被运用于科技和工业政策达 40 年之久。直到 20 世纪 80 年代，这种线性式模型才开始受到新型创新理论的挑战。随着对创新理论的理解不断深化，人们现在认识到各种创新模型的基础与前提是科学基础、技术开发与市场需求的相互作用，如图 2-4 所示。

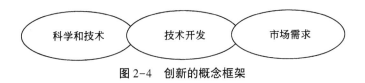

图 2-4　创新的概念框架

对于图 2-4，目前仍有许多争议，其中最重要的一点就是在此概念框架中未提及企业的内部活动。但不管怎么说，现在人们在这一点上已达成了共识：上述关键要素的有效链接将促成创新的产生。同时，上述框架与一国或一个地区的传统亦有密切关系，如美国的大学与工业组织建立了紧密的联系，而欧洲的大学与工业组织间则缺乏这种联系。

根据线性模型，创新过程被看作一系列相互继起而又相互隔离的步骤。这个模型又有两种不同形式：技术驱动型和市场拉动型，如图 2-5 所示。在技术驱动模式下，科学家得到科学发现，技术专家将其进一步发展为新产品概念，然后由工程设计人员生产原型并进行测试，制造人员进行工艺设计并生产出批量产品，最后由营销人员将产品推向潜在消费者。这种模式在"二战"后曾风行一时，然而并不是所有的行业都能适用这种创新模式，研究表明这种模式仅对制药等行业比较有效。20 世纪 70 年代后，研究者逐渐认识到市场对于创新过程的影响，并由此产生了市场拉动模式，在该模式下，市场代替技术成为创新的驱动者。

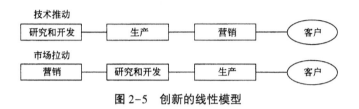

图 2-5　创新的线性模型

2. 3. 2　同步耦合模型

上述的线性模型仅仅解释了创新的最初驱动力，而对于创新过程中各功能的相互作用并没有提及。图 2-6 提供的同步耦合模型表明企业内部三大基本职能的相互耦合作用促进了创新的产生，同时创新的起点并不能预知。

图 2-6　同步耦合模型

2. 3. 3　相互作用模型

相互作用模型是同步耦合模型的进一步发展，同时它将线性模型融合进来（如图 2-7 所示）。

相互作用模型认为创新来源于市场、科学基础与组织能力之间的相互作用。与耦合模型相似的是，该模型也不能提供创新的最初起点，同时，该模型引入信息流的概念，对创新的形成与沟通作出了合理的解释。该模型是一个综合性更强的关于创新过程的描述，模型的中心是组织的四大职能：研究与发展、制造准备和设计、生产制造以及市场营销。与线性模型相似，这四大功能相互继起，但同时它们之间通过信息流进行有效反馈，科学基础、市场与每一职能相联结，而不再仅仅局限于研究与发展或营销职能。整个模型中贯穿一条逻辑主线：创新过程由一系列边界清晰的功能组成，同时这些功能又相互作用，整个创新过程可以看作一套复杂的知识通道，这些通道包括内部与外部的有效知识链接与沟通。从图 2-10 中我们可以看出，创新过程的成功与否取决于组织能力与市场、科学基础的有效链接，能够有效管理、控制这些联结过程的组织在创新中获胜机会更大。

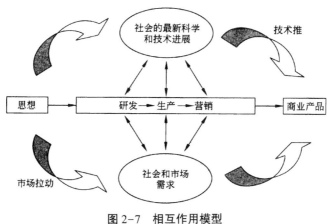

图 2-7　相互作用模型

2.4　创新的过程

将创新过程进行阶段划分，一般分为三个阶段（如图 2-8 所示）：发明阶段，也即获得设想；实施阶段，也即将设想在公司内进行转化；市场渗透阶段，也即将新产品、新设想、新材料等首次商业化运作的过程。成功的创新包含大量反馈过程：一方面，要获取技术、占领市场和顾客，并形成企业的专长；另一方面，还需良好的财务基础。一个公司具有良好的创新能力意味着对反馈过程的准确把握。

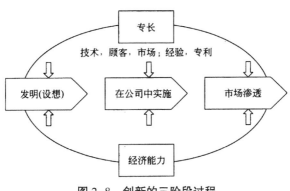

图 2-8　创新的三阶段过程

　　在创新的三阶段过程中，知识和信息是创新的基本投入要素，是保持生产力增长的中心所在，而创新人才作为知识和信息要素传递的有效载体，在创新过程中承担重要的角色，因此，创新过程的核心是获得知识基础和对创新人才创新能力的培养。

第 3 章　创新思维与创新驱动型企业

3.1　创新者的脑

　　20 世纪是信息技术的时代，21 世纪则是生物科技的时代，脑科学的研究将成为这个时代的重要方向之一。1995 年，国际脑研究组织在日本东京举办了第四届世界神经科学大会，该会议正式将 21 世纪选定为"脑的世纪"。此后，日本于 1996 年启动"脑科学时代"计划，并在 2003 年正式启动"脑科学与教育"研究项目。欧共体也成立了脑研究联盟，着手探索脑科学的奥妙之处。作为世界第一科技大国的美国，更是早在 1990 就通过"国会议案"，启动了"脑的十年"和迈向"教育的十年"的计划。

　　中国已经意识到脑科学研究的重要性。20 世纪 90 年代，国家"攀登计划"已经提出了"脑功能及其细胞和分子基础"的研究项目。近年来，全国诸多地区相继成立了与脑科学研究相关的研究机构。由此可见，人脑的开发与研究正在逐渐成了全世界各国研究的热点。

　　脑科学，广义地说是研究人脑的结构和功能的一门学科。正如前文所述，对于创新者的研究需要借助多个学科的知识，其中包括心理学、管理学和教育学。但是究其本质，人脑是创新最初的起源，利用脑科学的相关知识研究创新者的大脑，不但能够为其他学科的研究提供宝贵的启示和经验，也有助于我们从微观水平，也就是神经的层面来探讨创新的本源。

　　近几十年以来，脑科学的迅速发展为我们研究创新者的大脑提供了良好的基础。现代脑科学对人脑的研究可以追溯到"爱因斯坦脑"。爱因斯坦逝世之后，为了研究其大脑的秘密，科学家在经过家属同意之后，将爱因斯坦的大脑切成了240 块标本片，并将其中一部分寄送给全球知名的科学家进行研究。通过研究后，科学家们认为，爱因斯坦之所以能够在科学界获得辉煌的成就，和他的大脑结构特异性之间存在着密不可分的关系，这种大脑的特异性也许比大脑容量更为重要。在一项研究中，科学家选取了 4 名逝世时和爱因斯坦年龄相仿的男子大脑作为实验的参照对象，在和爱因斯坦的大脑进行对比研究后发现，爱因斯坦的大脑不但在脑细胞数量上远远多于普通人，而且爱因斯坦大脑星形胶质细胞突起比较大，这些胶质细胞末端的神经组织数量也较多。此外，研究人员还发现，与常人相比，爱因斯坦的大脑更为健康，比同龄人的大脑退化程度要低得多。

　　"爱因斯坦脑"的研究为现代脑科学的产生和发展奠定了基础。但是，需要指出的是，"爱因斯坦脑"的研究属于尸体脑的生理解剖研究，仅仅是对单个样本的脑结构研究。这类研究一方面无法对脑功能展开研究，另一方面也受到测量方法和统计误差等因素的制约。近年来，脑电技术（electroencephalogram，EEG）和脑功能成像（Brain Function Imaging）的发展为脑结构和脑功能的研究提供了有力的技术支持。新的研究方法为科学家提供了强有力的研究手段，使人们能够直接观察脑在处理复杂信息时的活动状况。

未来世界经济发展的竞争，是知识的竞争，也是人才和教育的竞争。人类将不再停留于对自然资源的开发，而是逐渐转移为对人类大脑潜能的开发，人脑创新能力的探索是其中的一个重要研究方向。脑科学的研究手段是探索人脑思维的绝佳工具，那么创新者的思维具备哪些特征呢？在回答这个问题之前，我们应该首先区分创新者和发明者的脑特征。发明者的脑通常具备高水平的智商和创造性思维能力，思维的流畅性和发散性比常人更为优秀。许多发明创造的产生都离不开发明者卓越的创造性，但是创新者的脑更为复杂。

人类的大脑由左右两部分构成。1981 年诺贝尔生理学或医学奖的获得者，美国科学家斯佩里博士做过一个著名的实验。在试验中，斯佩里博士切断了患者左右脑之间的连接部分，然后遮挡住其左边的视野，在其右边视野放上图画。此时，患者能够正常地使用语言将图画的内容描述出来。可是，如果遮住其右边视野，在左边视野内放上图画后，患者就无法描述图画的内容。

斯佩里实验的意义在于，首次阐明了左右脑分工的现象。由于人类的右脑支配左手、左脚、左耳等人体的左半身神经和感觉，而左脑支配右半身的神经和感觉，所以右视野同左脑，左视野同右脑相连。通过更深入的研究后，科学家发现左脑主要完成语言的、逻辑的、分析的、规则的、细节的思考认识和行为，而右脑则主要负责直觉的、综合的、符号的、创造性的和不确定的思考认识和行为。

左右脑分工的概念被提出后，人们开始关注右脑的教育和开发。普遍的观点认为右脑与人类的创造力非常相关，许多发明家之所以能够有那么多的奇思妙想，原因就在于其发达的右脑。但是，与发明不同，创新不仅仅是在脑海中形成各种奇思妙想那么简单，创新者必须将技术和产品实现市场化，这就需要他们调动各类资源、分析客户需求、预计未来趋势。可以说，创新的思维是一种先发散再收敛的过程，所以创新者首先要具备超常的想象力，然后是严谨的分析能力。

从人类创新的历史过程来看，新知识的来源也在发生演化。发现（Discovery）、实验（Experimentation）和综合（Synthesis）是产生新知识的主要途径，其中的综合是指人们通过对已有知识的深度理解和整合来创造新的知识。在人类活动的早期，人类所具备的知识相对贫乏，新知识的产生主要来源于对自然现象的观察和学习，发现是新知识产生的主要来源。随着知识储备的积累，人类开始更多地采用实验和综合的方法创造新的知识。21 世纪后，人们需要面对更多的问题，解决问题的方案必须通过一种更为高效的方式提出。此时，最快的方法是运用已有的知识来解决新的问题，综合已经成为最为常用的创新方法。

3.2　创新者的思维特征

实现创新，首先，要求人们具备卓越的创造力，同时创新的成功也离不开对市场和科技发展趋势的预测能力。其次，创新还应该拥有理性的分析能力和批判能力，并且能够系统地处理、调动与整合创新所需要的知识和资源。因此，与发明者不同，创新者的思维应该具备系统性思维、超前性思维、批判性思维和创造性思维的特征。其中，右脑负责超前性思维和创造性思维，左脑负责批判性思维，系统性思维则需要结合左右脑共同参与的双脑模式（如图 3-1 所示）。

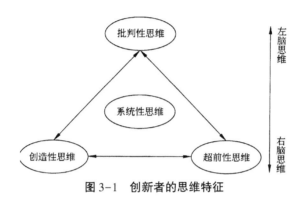

图 3-1　创新者的思维特征

具体地说，创新是一项非常复杂的思维活动，创新的过程经常会涉及多个学科和多个部门的参与。与发明创造不同，创新除了产生创意之外，还必须将创意最终市场化。在这个过程中，不同类型的资源需要进行协同。另外，集成创新已经成为创新的一种主要模式。集成创新强调对已有技术的有机组合，构成一种新的产品或者经营管理方式。这种创新方式是一种构造系统的理念，也是提高系统整体功能的方法。所以，创新者的思维需要具备系统性的特征，能够充分调动创新过程中需要的人力资源、物力资源和财力资源，并且利用组织外部的环境和资源，用开放式的创新方式将这些要素进行系统的组合与协同，提高系统整体的创新效率。

超前性思维也是创新者的重要特质之一。按照熊彼特的观点，市场化是创新最为重要的特征，也是创新不同于发明的关键因素。缺乏超前性思维的人，难以设计出未来市场需要的技术和产品。在一切以"创新"为主题的知识经济时代，超前性思维在创新中的地位和作用已越来越受到人们的重视。创新者的超前性思维主要表现在超常的洞察力、高度的应变力、科学的预测力和创新的胆识力。创新者能够对科学的发展方向和市场需求形成全面的了解，运用自己的丰富经验和知识，科学地看待事物的发展规律，从现实的发展方向中预测未来，做出前瞻性的判断和决策。

在日常生活中，我们的大脑每天都要接收到数以万计的信息。然而，在这些信息中却充斥着大量虚假和错误的信息。人们需要用批判的眼光来看待这个世界，这种批判性既包括用批判的眼光看待他们，也包括用批判的眼光来看待自己。批判性思维的基础是具备丰富的知识和经验，能够用科学的逻辑规律来怀疑问题，而非毫无根据地怀疑一切。创新者的批判性思维主要表现在：能够质疑别人提出的观点，善于争辩与怀疑权威，有力排众议和自我评价的勇气，可以做到自我监控、自我反馈和自我修正；面对问题时能够用分析性、策略性、全面性和独特性的方式来寻找解决方案，不受他人观点的暗示。

拥有批判性思维的人是少数的，因为大多数人的思维方式存在惯性，人们更习惯于听从前人的经验，墨守成规，缺乏探索新事物和新规律的勇气与智慧。因此，批判性思维是创新者必不可少的一种思维特质。具备批判性思维的创新者往往拥有好奇心，并且善于发现问题和解决问题；面对新事物时，创新者能够摒弃旧的思维习惯，从全新的视角来看待问题；创新者还在思考问题时有自己独特、系统的思维方式，敢于打破常规另辟蹊径，发现别人未曾想到的细节和方法。

创造性思维主要表现为思维的流畅性和发散性。思维的流畅性以人脑存储的信息量为基础，表现为一定时间内产生的观点数量。流畅的思维帮助创新者在最短的时间内从多个角度思考问题的答案，当遇到困难时能够及时产生新的思路，善于采用多种方法解决问题。思维的流畅性还能够帮助创新者寻找合适和准确的词汇与图形，及时地将头脑中的创意利用语言、文字、动作和图表等方式表达出来，保证了思想的传递和具体化。因此，创新者在设计解决问题的方案时，往往会考虑多个创意。即使这些方案最后只有一个能够实现创新，但是多个方案的准备过程不仅保证了计划实施的成功率，也在这一过程中强化了人们对问题更深刻的认识和理解。

思维的发散性是创造力的一个重要特征，许多研究者甚至直接用发散性思维来表征个体的创造力。思维的发散性表现为大脑在思考一种观点和问题时，能够跳出思维的固有范式，通过远距离的联想发现解决问题的新方法。发散性思维最大的特点是不受思维固有范式的束缚。大多数人在成长的过程中，逐渐形成了一种特定的思维固有范式，看待问题时有自己固定的视角和路径。这种现象的后果是导致人们的思维受到约束，解决问题的方法趋于常规，思想的范围比较狭窄。创新者的思维必须充满发散性，能够从独特的视角思考问题，无拘无束地思考。事实上，已经有许多脑科学的研究开始关注于人脑的创造力，尤其是发散性思维的产生过程。

3. 3 创新驱动型的创业

成功的创业公司一般具有强大的知识产权创造与运用能力，而实现知识产权创造的关键是持续开展创新活动，特别是技术创新。谷歌公司是一家美国的跨国科技企业，致力于互联网搜索、云计算、广告技术等领域，开发并提供大量基于互联网的产品与服务。公司成立于 1998 年，由拉里·佩奇、谢尔盖·布林创立。1998 年，佩奇和布林在美国斯坦福大学的学生宿舍内共同开发了全新的在线搜索引擎，然后迅速传播给全球的信息搜索者，并于 1998 年 9 月 7 日在美国加利福尼亚州山景城创立 Google 公司，以设计并管理一个互联网搜索引擎。Google 的使命是整合全球信息，使人人皆可访问并从中受益。Google 不仅被公认为全球最大的搜索引擎，也是互联网上五大最受欢迎的网站之一，在全球范围内拥有无数的用户。

"持续创新"是驱动方正集团发展的内在基因。在将近 30 年的企业发展历程中，方正背靠北京大学，方正人秉持王选教授"技术顶天、市场立地"高新技术企业发展理念，始终致力于核心技术的创新和研发。作为方正集团的创始人，王选教授研发的"汉字激光照排系统"，推动了中国的印刷产业革命，从此"告别铅与火，迎来光与电"。1986 年，方正集团的前身——北京理科新技术公司诞生于未名湖畔，主要从事汉字激光照排系统的研发、生产与销售业务。1992 年 12 月，北京北大方正集团公司正式成立。

到 20 世纪 90 年代中期，方正电子出版系统已经占领全球中文报纸、黑白书刊将近 90% 的市场份额。"汉字激光照排技术"奠定了方正的发展根基。随着激光照排业务的成功，方正集团向包括 PC 制造在内的 IT 相关软硬件领域延展，逐步确定了方正在中国 IT 产业领域的领军地位。

在王选教授看来，产品研发获得成功需要具备五个条件——采用世界一流的设备和技术；创新而且有需求；独特的卖点；贴近用户、稳定可靠；研发进度可控，产品上市及时。

在这个时期，方正的业务定位是面向新闻出版印刷领域，提供拥有核心技术优势和自主知识产权的出版印刷系统。方正的创新体系是，以北大计算机研究所为依托，以方正电子公司为研发平台，以激光照排技术为基础，从后端激光照排发展到前端网络出版，从中文信息处理发展到跨文种处理，从国内市场拓展到国际市场。

阿里巴巴集团中国零售交易市场的交易总额（GMV）已经超过沃尔玛，成为全球最大的零售体。技术创新是实现这一成就的基础。支撑它快速成长的是大数据、云计算、互联网支付体系、互联网信用体系等新技术的运用，阿里平台的交易量已经能够占到全国社会零售总量的 10%，并带来超过 1500 万元的直接就业和超过 3000 万元的间接就业，带动上下游产业新增纳税近 1800 亿元人民币。到 2020 年，阿里巴巴的交易额将达到 6 万亿人民币，帮助 90%零售商业提高效率，利用网上新实体经济的力量来推动商业变革。这也表明，阿里巴巴已经逐步从商业为主的创业，发展成依靠科技进步为核心的创新创业。

第4章 创业者品质

4.1 创业者心理

创业本身是一个鲜活的过程。它的鲜活不仅体现在创业过程当中，也体现在创业者的身上——他们的心理和行为。依据普通心理学的研究，人的行为受到动机、思维、能力的影响，体现在创业过程中，即为创业者的心理特征。对此，国内外学者提出了各种创业者心理模型，例如：

美国学者菲利普·芬（Phillip H Phan）的"创业倾向模型"认为，随着个体受教育水平的提高，尤其是正规教育的培训，个体的创业态度反而会有所削弱；个体对自身创业特质的自信和认可度与创业倾向显著相关；学生的创业态度和创业倾向存在显著相关。

加拿大学者谢恩·史密斯（Shane Smith）等的"创业动机与创业过程模型"，在梳理前人关于创业动机的研究基础上，扩大了创业动机的内涵，指出创业动机不仅包括了成就需求、冒险精神、模糊情景（不确定性）的耐受性、内控力、自我效能感、目标设定等，还包括情感、想象力等因素，因而将创业动机因素分为一般动机、特定任务动机两个维度。Shane 指出，创业动机因素和认知因素影响创业机会识别、创业构想产生和创业行为；而环境因素一方面通过直接作用于创业机会并影响创业行为，另一方面通过调节创业动机因素、认知因素，对创业机会识别、创业构想产生和创业行为施加影响。

德国学者伊娃·施密特-罗德蒙德（Eva Schmitt-Rodermund）提出的"创业职业期待预测模型"认为，父母教养方式通过影响早期创业能力，进而影响创业兴趣，并最终影响创业职业期待，创业人格特质则直接或通过创业能力影响创业期待；年龄及创业家庭背景分别通过创业竞争力和创业兴趣影响创业期待，而早期创业能力表现为个体在学校的领导力、好奇心及创业技能。

美国学者卢杰和弗兰克（Luthje & Frank）的"创业意向结构模型"指出，人格特质通过态度对创业意向产生影响，而个体感知到的环境支持因素和阻碍因素则直接作用于创业意向。作者在 MIT（麻省理工学院）对 512 名学生进行的问卷调查显示，创业者人格特质主要包括个体冒险倾向和内控性，与创业态度呈现出显著的正相关，并通过创业态度对创业意向产生作用；环境因素中对象感知到的支持因素和阻碍因素，分别促进和阻碍创业意向。

这些模型对于创业者的心理各方面特征与创业行为的关系作出了解释。这些模型也在提示，创业者的心理特征对创业成败的影响，以及创业者应如何在创业心理素质方面有所提升。在具体的创业实践中，则普遍存在两种直接造成失败的、因心理素质而产生的行为方式：等待和盲动。

4.1.1　创业者的等待和盲动

有很多一直想创业的人，因为不知道自己是否"适合创业"，迟迟不敢动手；当看到别人以和自己相似的创意赢得成功时，又陷入深深的懊悔。也有很多遭遇创业失败的人，有了一个想法就盲目投入资金、强行上马，艰难维持一段时间后不得不关门大吉。

从创业心理角度看，被动地等待，是以旧的、既有的思维和眼光理解自身、看待周边，缺乏足够的创业动机，因而难以识别创业机会并付诸行动；盲目的冲动，是缺乏对创业过程的理解和把握，在创业能力、创业思维等方面的积累不足，导致创业失败。从创新的角度看，被动等待是缺乏创新动机和创新思维的表现，盲目冲动则是缺乏创新的能力，并对创新能力的欠缺估计不足。

4.1.2　创业者应具备的心理素质

从前述的创业心理模型中可以看到，创业者的动机、思维、能力等心理特征对其创业的意向、目标、行为等有着显著的影响。

1. 创业者动机

动机在创业者身上更多表现为创业者的态度，即其对创业活动的偏好、想法、目标等。在 Shane Smith 的创业动机与创业过程模型中，创业动机被整合为两个维度：一般动机因素和特定任务动机因素。其中，一般动机因素包括成就动机、内控力、想象力、独立期望、内驱力、热情等，特定任务动机包括目标设定和自我效能感两个方面。按照这个模型，我们设计了表4-1来测量创业者应具备的心理动机因素。

表 4-1　创业者动机的因素和测量指标

动机维度	动机因素	测量指标
一般动机	成就动机	强烈的自我实现的需求
	内控力	自我控制情感、情绪的能力
	想象力	具有创新创业的想象力
	独立期望	独立欲强
	内驱力	能够有效地自我驱动
	创业热情	对创业具备强烈的热情

动机维度	动机因素	测量指标
特定任务动机	目标设定	目标是否明确
	自我效能感	对能力的自我认知是否准确

普通心理学认为，在具有特定目标的活动中，动机涉及这种活动的全部内在机制，包括能量的激活、使活动指向一定的目标以及维持有组织的反应模式，直到活动的完成。在创业过程中，创业动机涉及创业活动的全过程，并影响创业的目标、行为和创业者的情绪、情感等。因此，充分的创业动机，是创业者必备的心理素质。

2. 创业者思维

思维是人类的高级心理活动。早期，思维被划分为逻辑思维和形象思维。随着心理学研究的深入，学界在 20 世纪 60 年代提出了问题解决（problem solving）的思维模型。与逻辑思维的概念、判断、推理系统不同，问题解决思维依然在分析综合、抽象概括的过程中实现，但又不同于一般的逻辑思维；它是任务主导的思维过程，属于指导性思维。创业思维就是由任务主导的思维过程，具有灵活性（策略选择）、可能性（资源条件）和必要性（效果评价）等特征。

策略选择方面。创业者面对的是一个大的任务，它又可以分解为若干问题，这些问题从属于任务。创业者要对问题提出解决方法，方法往往不止一个；这些方法在任务的整体目标方案之下，服从、服务于目标的完成。创业者在选择解决方法，甚至在制定目标方案时，一方面遵循它们的逻辑关系，另一方面又要完成策略的选择。这就需要创业者具备灵活、果断等心理素质。

资源条件方面。创业者要对任务能否完成、问题能否解决作出资源条件上的判断，以对创业的可能性作出估量。这些资源条件具有相当程度的客观性，而创业者的判断又是非常主观的。创业者要排除一些主观的干扰性因素，准确地理解和把握资源条件，就要具备诚实、冷静等心理素质。

效果评价方面。创业者需要充分的动机去支撑，在效果追求方面就体现出强烈的自信；而效果评价并不是直接的，需要时间验证，在验证过程中可能出现困难和挫折。创业者继续自己的创业行为或者放弃，其理据往往就是效果评价。这就需要创业者具备坚定、自信等心理素质。

除此之外，策略选择还可能体现为冲突，资源条件还包括竞争与合作，效果评价还涉及道德和价值观等，都需要创业者具备相应的心理素质。

3. 创业者能力

在各种关于创业者能力的描述中，大多把创业者的人格（气质和性格等）、智力等心理能力和创业者的实践能力合并起来，并不对其作细致的区分。这也表明，创业者的各方面能力是整合的。同时，在竞争激烈的市场中，单一的能力很难取得竞争的优势，而是取决于创业者拥有的、能够运用的各种能力。在心理学领域，对于一般能力（智力）的认定，也趋于多向化和复杂化。

例如，德鲁克认为创业者应具备以下能力：

· 开创企业的能力；
· 运行企业的能力；
· 及时识别和评价创业机会的能力；
· 积累和运营知识及技能的能力；
· 整合资源的能力；
· 评估和防范风险的能力；
· 创新能力；
· 团结和鼓励团队成员的能力。

以"团结和鼓励团队成员的能力"为例，团结和鼓励既需要创业者具备亲和、热情、诚恳等心理能力，也需要创业者具备与人沟通的实践能力。创新能力则需要创业者具备创造性、想象力等心理能力，以及一定的背景知识和动手能力。综合各方面专家学者的意见和论述，我们把创业者所需要的能力概括为以下几种，如表4-2所示。

表4-2　创业者能力及其指标

能力分类	能力项目	能力指标
心理能力	责任感和决策能力	能够担当企业创办和管理的重任，对企业的现状和前景、团队负责，能够就问题作出准确、果断、及时的决策
	领导力	具有领导者的人格魅力和威信
	创造力、自主能力和适应力	思维开放，能够主动创新，有强烈的完成目标的内在驱动力，善于观察、发现问题，敏锐，能够适应复杂的环境和各种不确定性
	勇气和信心	具有敢为人先的勇气，百折不挠的意志品质，达成目标的坚定信念
	洞察力	善于发现问题的关键所在，并找出解决问题的方法
	创新能力	不受固有模式的束缚，敢于突破常规，主动地解决问题，并提出创造性的解决方案

续　表

能力分类	能力项目	能力指标
实践能力	一般管理能力	能够管理好一个组织，以适当的方法完成目标、计划、组织、控制、激励等各项工作
	信息处理能力	具备现代化信息的获取、处理和整合的能力
	团队合作能力	合理分工、授权和激励，能够有效促进团队合作，使团队流畅运行
	资源整合能力	有效协调、整合资本、市场、人力等各方面资源的能力
	风险管理能力	对风险有清醒的认知和正确的评估，有效地防控风险
	市场认知能力	理解市场各方面要素以及产业、行业等关系，善于捕捉市场需求
	执行能力	有效利用资源、保质保量达成目标的能力
	目标导向能力	能够制定企业发展规划，确定企业发展目标，并以此作为组织导向

4.1.3　锤炼创业精神

创业者的动机、思维和能力会内化为创业者的人格特征，外化为具体的创业实践。在外部的观察者看来，这些内容体现的就是创业精神。创业者要不断地锤炼创业精神。

1. 把握时代的脉搏

时代是人所处的客观环境，也是具备鲜明特征的一段历史。创业者要锤炼创新精神，就先要对时代有着充分的、客观的、全面的理解，抓住时代发展的主流，感受时代的跃动脉搏。

德鲁克指出，创新是每位高层管理者的职责，它始于有意识地寻找机遇。创业者要把时代的走向、主流作为创新的开端。离开时代的创新，很难获得市场的响应；而紧跟甚至稍领先于时代的创新，就能走在前面，先人一步。

2. 捕捉市场的需求

有了对时代的初步感受和理解，还要善于捕捉市场的需求。如果说时代是一个大的环境，那么市场就是一个具体的领域。每一个创新，都是对市场需求的回应；那些出类拔萃的创新，甚至主动去创造一个新的需求。创造需求的创新，甚至发现了市场都还没有发现的需求。熊彼特（J A Schumpeter）认为，成功的创业者，都能抓住机会，挖掘市场中存在的潜在利润。

这就需要创业者去深入观察市场。市场的每一个发展变化，都在更新着需求。创业者未必去找出每一个新的需求，但对自己有兴趣的、准备创业的领域，一定要密切观察。必要的时候，创业还要进入市场去调查、研究一番，得出更准确的第一手资料。

捕捉到市场的需求，与自身创新创业的精神和条件结合起来，就形成了创业的时机。

3. 积累创业的要素

创业并不是凭空而来，它需要一定的主客观条件。有时，客观条件并不一定具备，比如市场虽然有需求，但是技术条件还不成熟。这个时候，创业者要勤于积累，不断提升自己的主客观条件，为创业做好一切准备。机遇总是青睐那些有准备的人。

而最需要积累的要素，莫过于创新。某一个创新的思路，可能因为条件不成熟被舍弃。即便如此，创新的思维仍然得到了锻炼；更重要的是，明白了取舍，也就有了鉴别创新成果的能力。这样，既不会因不够成熟的创新而盲动，也不会对已经成熟的创新成果失去自信。

每个人每一天都面对不同的世界。创新，其实是人的本能，也是人的生存方式。创新精神是创业者必备的心理素质，而它实际上根植于我们每个人的心中。明确创新思维，培养创新素质，锤炼创新精神，是每一个创业者成功的必经之路。

4.2　创业者特质

创业者具备的各方面心理素质，包括动机、思维、能力等各方面，会显化为创业者的特质，即创业者独特的性格特征和行为方式。美国学者斯蒂芬·斯皮内利和罗伯特·亚当斯曾经汇总过 2001 年之前关于创业者特质方面的研究，如表 4-3 所示。

表 4-3　创业者特质汇总

年份	研究者	创业者特质
1848	Mill	风险承担
1917	Weber	权力需求
1934	Schumpeter	创新、主动
1954	Sutton	责任感
1959	Hartman	权力需求
1961	McClelland	风险承担、成就需求
1963	Davids	抱负、独立意识、责任感、自信

1964	Pickle	自我驱动、人际关系、沟通能力、专业知识
1971	Palmer	风险评估
1971	Homaday & Abound	成就需求、自主性、进攻性、影响力、识别能力、创新性、独立性
1973	Winter	影响力需求
1974	Borland	内部权力需求
1982	Casson	风险承担、创新、影响力、权力需求
1985	Gartner	改变和权力
1987	Begley & Boyd	风险承担、对不确定性的容忍度
1988	Caird	自我驱动
1998	Roper	影响力、权力需求
2000	Thomas & Mueller	风险承担、影响力、内部控制、创新
2001	Lee & Tsang	内部控制

这些特质，有的是精神方面的，有的是行为模式方面的。我们从中选取最有代表性的特质，并结合中国创业者的具体环境，把它们分为精神特质和行为特质两类。

4.2.1　创业者精神特质

对于成功创业者精神方面的特质，侧重于不同的方面会得出略有差异但大体相近的结论。例如，管理大师彼得·德鲁克（Peter F Drucker）强调，管理者要"达成目的、使工作者有成就感、履行社会责任"。领导力专家约翰·科特（John P Kotter）认为，成功创业者"均拥有极大的权威，个人成就辉煌，抱负远大，情绪稳定，思想乐观，知识丰富，分析能力卓越，有良好的认知观、豁达的人生观等基本特征以及广阔良好的知识结构和良好的人际关系等其他特征"。

像这样伟大的企业家还有前 IBM 公司总裁路易斯·郭士纳、已故苹果公司 CEO 史蒂夫·乔布斯，中国的马云、张瑞敏等。他们在成功领导一个企业的同时，往往还是特质鲜明的创业者。相比初次创业，二次创业可能更加艰难，因为他们不仅要面对变化的市场，还要面对公司内部的问题。从他们身上，我们大体可以看到成功创业者所具备的精神特质。

领袖群英——做创业组织的领袖。每一个成功创业者，都是创业企业的领袖。领袖既是领导，又不同于普通的领导。他不仅是组织的管理者，同时也是组织的灵魂。他要把自己的创新精神、创新思想、创新行为注入这个组织当中。

积极乐观——善于激励整个团队。成功的创业者以积极乐观的精神风貌，激励整个团队奔向目标。积极乐观既包括对团队成员的沟通、热爱、拥抱，更包括宽松的制度、有效的运营、合理的薪酬等方面。积极乐观，才能最大限度地激发团队的创新意识和创新能力。

挑战目标——形成对现状的突破。成功的创业者永不满足，他们始终在前行。这是一种"在路上"的心态，也是对突破现状、挑战目标、实现创新的渴望。这是人的自我实现，是人的自我激励，是人的最高需求。

敢为人先——勇于追求创新成果。故步自封或者画地为牢，都只会把企业带进死胡同。成功的创业者，必然是敢为人先的典范。敢为人先，才能先人一步，才能更迅速、更及时、更有效地把创新成果应用于企业、投放于市场，取得制胜的先机。

这些精神特质并不是孤立的，而是融合于创新精神之中。领袖要面对各种新形势、新问题，乐观则需要对新问题予以积极应对，挑战中更是要设定新的目标，敢为人先则是创新的直接追求。这是成功创业者、成功企业家们创新精神的外在表现。

4.2.2　创业者行为特质

创业者不仅在精神风貌上充满创新，其行为也具有强烈的创新性。我们来看以下几位成功创业者、成功企业家的事迹。

每一个成功的创业者，都在创业过程中培育了相对他个体而言"非凡"的特质。其中最为突出的，也最为共性的是：勤奋不倦的工作，开放有效的合作，不断进取的雄心，百折不挠的坚持。

对自我——勤奋。创业艰难百战多。创业过程无疑是艰难的，成功需要创业者付出更多努力，而付出更多最直接的，就是勤奋。勤奋就为创新创业打下了坚实的基础。

对世界——开放。一个好汉三个帮。以开放的心态和行为，去实现与世界的合作，是创业成功的必要条件，也是成功创业者的行为特质。不断扩大合作的广度，挖掘合作的深度，就为创新创业提供了机遇和条件。

对目标——进取。创业如逆水行舟，不进则退。即使是一个成熟的企业，如果丧失了进取精神，也会面临淘汰。唯有始终坚持创新进取，不断挑战新的目标，使企业始终处于创新创业的状态，保持"在路上"的心理和行为，才能实现创业成功和企业的永续发展。

对事业——坚持。天行健，君子以自强不息。自强往往容易，选择创业本身就是一种自强；不息却难，难就难在持之以恒。每一个成功创业者，都会养成一种甚至几种他人难以做到的优良习惯，而其唯一的秘诀就在于坚持，尤其是对创新创业的坚持。

4.3　创业者测评

有志于创业者，会经常问这样一个问题：我到底适合不适合创业？面对这样的问题，有些人的回答可能是：试一试就知道了。可是创业这样一个活动，需要投入大量的人力、物力、财力和精力，不是"试一试"这么简单，它试错的成本太高。而且，这样的试验，与其说在考察一个人是否适合创业，倒不如说在考察某个项目是否适合市场。所以，创业测评需要以另外的方式实现。

我们根据创业者所需要的心理素质、精神和行为特质等方面条件，基于 Risking 等创业者测评模型，并对其进行了部分改进，把它推荐给大家作为自我测评的参考。

4.3.1　创业者测评的内容

阿玛尔·毕海德认为："坦诚地面对自己，是创业者需要具备的一个最基本的品质。"创业者对自己测评的过程，实际上也是坦诚面对自我的过程。大体而言，需要测评的主项如图 6-1 所示。

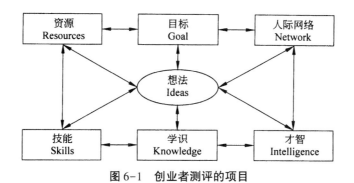

图 6-1　创业者测评的项目

每一个主项包括的分项内容如表 4-4 所示。

表 4-4　创业者测评的分项内容

主项	内容 1	内容 2	内容 3	内容 4
资源	项目	资金	团队	其他
想法	市场	价值	可行性	创新
技能	专业	管理	执行	领导
学识	行业	商业	法律	财务
才智	智商	情商	财商	毅商

人际网络	合作者	服务对象	渠道媒体	竞争对手
目标	方向	确定	集中	执着

4.3.2　测试自己是否适合创业

有了一个大体的方法，就可以依据它进行测评。测评可以是自我测评，也可以是比较熟悉的人来测评，或者多人测评取平均值、加权平均值。这些都能给有意创业者一个参考。需要指出的是，测试并不是给出一个绝对的结论，而是为了帮助创业者找出不足，以便有针对性地取长补短、扬长避短。下面，简要介绍一个测评方法，有意创业者可以用它来测试一下。

依据表4-4，我们可以给其中的分项内容按照5分制的标准打分：

5分：相当优秀

4分：优秀

3分：一般

2分：比较薄弱

1分：薄弱

如果测试者认为介于两个档次之间，可以按0.5的分差处理。打分之后，把各分项内容的分值累加，得到该主项的得分。此时，被测试者可以得出自己在该主项的大体印象。最后再把各主项内容累加起来，得到总分。总分体现了被测试者当前创业的风险程度，得分越高，风险程度越低。

总分满分是140分。其中：

120~140分：创业风险很小，创业成功可能性很大。

100~119分：创业有一定风险，也有一定机遇。

80~99分：创业有较大风险，会遇到比较大的困难。

60~79分：创业有非常大的风险，会遇到难以解决的困难。低于60分：暂时不适合创业。

测试的实例如表4-5所示。

表4-5　一个测评实例

主项	内容1	得分	内容2	得分	内容3	得分	内容4	得分	小计
资源	项目	4	资金	3	团队	4	其他	4	15
想法	市场	3	价值	5	可行性	4	创新	4	16
技能	专业	4	管理	2	执行	3	领导	4	13
学识	行业	5	商业	4	法律	3	财务	3	15

主项	内容 1	得分	内容 2	得分	内容 3	得分	内容 4	得分	小计
才智	智商	5	情商	4	财商	4	毅商	4	17
人际网络	合作者	2	服务对象	3	渠道媒体	3	竞争对手	5	9
目标	方向	4	确定	4	集中	5	执着	5	18
合计	103								

　　依据这个得分，可以比较清晰地、定性地了解到创业者的机遇，以及可能遇到的风险因素。更为重要的是，可以根据这个测评，有针对性地去改进（如表 4-6 所示）。

表 4-6　测评实例分析参考

创业机遇	风险因素	改进策略
项目不错，团队等各方面条件具备	资金不足	了解接触多种融资渠道
产品具备创新价值和可行性	市场经验不足	有针对性地训练，如市场调查
专业能力突出，具备领导潜质	缺乏管理经验	模拟或者实习，积累经验
专业知识出众，能够市场转化	法律财务知识不足	学习掌握相关基础知识
智商高，自控力强，坚定	无应对挫折经验	关于逆境的自我训练
市场尚无有力竞争对手	缺乏合作者和渠道	逐步建立渠道，善于借势借力
目标明确集中，追求执着	缺乏变通能力，固执	训练发散性思维，改善性格因素

　　有了这样的一个参照，创业者就能更好地认识自我、把握机遇、应对风险、改进不足，为创业创造更好的条件。

　　创业者测评是阶段性的评价，而不是一次性评价，它只是对于创业者当前的状况得出一个印象性的参考。依据测评结果有针对性地提升创业素质和创业能力，特别是创新意识、创新思维、创新能力，要比测评本身重要得多。我们相信，没有人是天生的创业者，更没有人天生不适合创业；每一个成功的创业者，都历经了自我认知、不断改进的上升过程，最终才能取得成功。

4. 4　创业者品质

　　成功的创业者身上都有关于创业的优良品质。这些品质或者是创业之前就具备的，或者是创业准备期间有针对性地训练提升获得的，或者是创业过程中逐渐积累的。其中，最为重要的是创新品质、行动品质和道德品质。

4.4.1 创新品质

创新品质可以细分为主观和客两个方面。主观方面是指创业者所具备的创新意识、创新思维，它的成果是创新项目；客观方面则是指创业者在产业创新具体实践过程中表现出来的技术创新能力，它的成果是创新产品。

1. 创新项目

创新项目在主观方面是创业者意识、思维、智慧的结晶。一个项目要把各种不同的资源，包括资本、团队、技术、产品、市场、管理等诸方面要素有机地融合到一起，形成一个项目区别于其他项目的特征。如果把项目整体表示为，项目的各方面要素表示为 x_1、x_2、x_3，…，x_n，那么，项目就可以视为一个关于各方面要素的函数，即

$$P = f\ (x_1、x_2、x_3，…，x_n)$$

从数学中我们可以理解，一个函数最重要的是它的自变量和因变量之间的对应关系。项目的灵魂，就是如何把各方面的要素组织起来的方式。这就是创新的结晶。

一个优秀的创业者，善于把各种资源组织起来，成为一个创新创业项目。创新，不仅包括技术本身的创新，也包括技术应用的创新。这就要求创业者对于项目的各种要素有深入、全面的理解。平时是否围绕创新下功夫多看、多思、多做，就是一个创业者是否具有创新品质的体现。

2. 创新产品

成功的创新者，善于抓住市场的潜在盈利机会，以获取商业利益为目标，重新组织生产条件和要素，建立起效能更强、效率更高和费用更低的生产经营方法，从而推出新的产品、新的生产（工艺）方法、开辟新的市场，获得新的原材料或半成品供给来源或建立企业新的组织，它包括科技、组织、商业和金融等一系列活动的综合过程。

产品的创新，既包括创新技术的成果性应用，也包括不同功能的创新组合。几项旧的技术，组合在一起产生了新的、市场上没有的功能，能够满足更多的需求，这也是创新。

无论是项目创新，还是产品创新，其中所包含的和体现的，都是创业者的创新品质。创业者的创新品质，就决定了项目的优劣，决定了项目发展的上限，决定了产品的技术应用水平和市场实现能力，最终也就决定了创业的成败。

4.4.2 行动品质

创业是一种行动，创业的成功，最终还是取决于行动。成功的创业者，都具

备优秀的行动品质。行动品质主要包括以下几个方面。

执行力。一般来说，执行力是相对于团队行政水平而言。个体的执行力，在于他是否能够把想法、目标等有效地转化为行动。

勤奋。前面我们曾经以李嘉诚为例，说明过勤奋的重要性。勤奋同时也是创业者行动品质的表现。

习惯。习惯的力量是巨大的，它驱使人在自觉、自动的情况下完成行动，这是一个人自律的品质。成功的创业者，都会把良好的习惯当作伴随一生的挚友。

决断力。决断是对复杂局面、困难局面作出迅速正确的反应。商场如战场，有没有决断力，是创业成功的关键因素之一。

感染力。创业者不仅要能够自己自觉地朝向目标努力，而且要能够带领、激励团队一同努力。这是创业成功的保障，也是创业者重要的行动品质。

以上这些行动品质，体现的是一个创业者在创业过程中行为的优劣。有志于创业，就要在创业准备期，甚至更早的时候，努力锤炼自己的行动品质。

4.4.3　道德品质

如果说创新品质和行动品质决定了项目初步的成败，创业者的道德品质则决定了他个人、他领导的企业、他创业的项目能走多远，能飞多高。创业者的道德品质，会充分体现在项目的选择、经营方式、商业模式等方面。一个缺乏道德品质的创业者，可能在短期内取得创业的成功，但是无法用缺乏道德的方式使项目长期生存下去。这样的教训很多。

不能不说，3721 的败落与创业者自身的道德品质败落是分不开的。这也告诉我们：一个志存高远的创业者，必须锻造精金美玉的品质。

诚信。这是一个常说常新的话题。在创新创业方面，诚信尤为重要。诚信作为一种品质，体现在创新创业项目上对自我、对团队的诚信，体现在产品质量上对市场、对用户的诚信，体现在市场关系上对合作者、竞争者的诚信，等等。这都是一个项目能够长久生存的基础。

创新。为什么把创新当作一种道德品质呢？因为创新不仅是创业者的意识和行为，也是一个创业者主观的动机。把创新当作动机的创业者，时时处处都会体现出创业的意识和行为；而把创新当作投机、口号甚至欺骗手法的"创业者"，则会有剽窃、侵犯知识产权、忽悠客户等种种恶劣行为。所以，创新也是一种道德品质。

担当。一个人和一个企业，都是要有担当的。创业者在市场的担当，是对创业团队的负责，对用户、合作者的负责，乃至对社会的负责；创业者在团队内部的担当，则是团结、激励创业团队的关键。它对外表现为一个企业的声誉、社会责任感，对内表现为一个团队领袖的人格和胸襟。

道德品质还有很多，我们只强调诚信、创新、担当，这是对于创业者而言最为关键的。诚信决定了创业项目能走多远，创新决定了创业项目能走多高，担当决定了创业项目的健康度，它们共同决定了创业项目的成败。

创业者的心理素质、精神行为特质和道德品质，是创业者创新精神为核心的内外各方面素质、能力、人格的融合。一个成功的创业者，需要过人的心理素质、非凡的精神行为特质、优秀的道德品质。这三方面，决定了创业者是否具备创业的基本条件，能否把握创业的机遇、抗御创业的风险，能否带领创业团队实现项目的成功和发展。

4.5 企业家精神

创业阶段完成后，创业项目就会转变为在市场中运营的企业，创业者也就把角色转变成为企业管理者。所谓企业家精神，也就是创业者精神的提高和升华。

4.5.1 企业家精神的含义

企业家精神可以概括为道德价值、实业运营、创新能力与前向思维几个方面。它既是企业家本人才能的突出表现，也是企业的重要而特殊的无形生产要素。

从盛田昭夫身上我们可以看到企业家精神之一斑。当人们提及盛田昭夫时，所想到的不仅仅是他领导下创新的产品录音带、随身听，而且是索尼公司的一切，甚至是日本企业精神的一切。企业家精神作为企业持续发展的动力源泉，不但能够促进创业与创新精神的高涨，培育积极进取的市场环境，还可以激发整个社会的创新活力，推动社会文明与进步。

简单概括，在个体方面，企业家精神就是企业家在道德价值上诚信、创新、担当的示范精神，在实业运营上高超、创新、和谐的管理艺术，在创新能力上执着、坚定、开放的不懈追求，在前向思维上进取、创新、挑战的卓越眼光。在社会方面，企业家精神则是一个民族、一个社会、一个国家的自立、自强、自信、自新的表现。

4.5.2 企业家精神的培育

培育企业家精神，创业者要从自我做起，要把创业准备、创业实施的过程，当作培养自己企业家精神的过程。在企业家精神内涵的介绍中，我们强调了创新的核心价值；培育企业家精神，也要从创新入手。

道德价值上的创新。创业者既要吸取、参考前人和他人的成果，更要把这些成果当作创新的基础。不经过缜密、深入、用心甚至是痛苦的思考和行动，就不可能取得创新创业的成功。创业者切勿抱有侥幸、走捷径的心理，而是要脚踏实地地付出艰苦的努力。这是创新精神在道德上的要求，也是真正的创新创业者、企业家的人格力量。

实业运营上的创新。运营是一个系统工程，它包括了产品和服务的策略、选型、定型，商业模式的策略、设计、确立，市场营销的策略、计划、执行，企业发展战略的规划和实施，等等。在运营中，每一步都包含着创新。创新创业者要在运营中创新，在创新中运营，把创新本身当作追求的目标，并落实到具体的运营当中。在实业运营上，企业家精神就是不断思新、求新、创新。

创新能力上的追求。创新能力并不是凭空而来的，而是创新创业者各方面能力的总成。企业家不同于一般管理者的精神，而在于始终不满足、始终孜孜不倦地提升自我。提升创新能力要把功夫下在创新之外，努力吸收哲学、经济、历史、自然科学、产业技术等各方面的营养，并把它内化为自己的知识、能力系统，成为创新的动力和基础。企业家精神，就是学习、创新的精神。

前向思维上的创新。人无远虑，必有近忧。前向思维是创新创业者在对变化着的政策、产业、技术、市场等的深入认知的基础上做出的前瞻性判断。创新要走在需求的前面，不仅要走在市场需求的前面，更要走在项目、企业自身发展的前面。只有这样，才能在瞬息万变的市场上立足、发展。企业家精神，就在于把这样的前向思维做到极致。

本章我们探讨了创新创业者的心理素质、人格特质，并把它归纳为创业者的品质。由此，有志于创业者就能判断自己当前是否适合创业，并且有了努力的方向和方法。创业者品质，最终要升华为企业家精神。企业家精神是创新创业者终身的追求。

第5章 创意、创新、创业项目选择

5.1 创意与创业机会识别

创业源自创新，创新始于创意。任何创业机会都不会凭空而来，它来自创业者勤奋的努力和灵感的迸发。蒂蒙斯指出，创业机会是通过把资源创造性的结合起来，迎合市场需求（或兴趣、愿望）并传递价值的可能性。成功识别创业机会，对创业机会进行科学、理性、系统的评价，是创业活动成功的起点和基础。创意从哪里来，如何判断创意能否转化为创业机会？对于创业者来说，这是他面临的第一个问题。

5.1.1 创意的来源

创意，我们更多的是从广告行业听到这个词语。作为对问题的创新解决，创意的含义并不单纯限于广告创意。出于解决问题的目的而提出新思路、新点子、新方法，都可以称为创意。就像李政道博士所说的那样，"能正确地提出问题就是迈出了创新的第一步"。

创业所指的"问题"，就是发现市场的需求。亚德里安·斯莱沃斯基和卡尔·韦伯认为，真正的需求，潜藏在人性因素与其他一系列因素的相互关联之中，这些因素包括金钱和情感成本、社会规范、基础设施、产品设计、沟通方式等。创业者去发现需求，要从这些因素的关联入手。德鲁克则提出了创意的七种来源：出乎意料的情况、不一致性、过程及其需要、产业与市场结构变化、人口统计数据、认知变化、新知识（技术）。这些来源体现了各种变化。

布鲁斯·巴林杰（Bruce R Barringer）提出了商业创意的三大最常见来源：变化的环境趋势、尚未解决的问题、市场缝隙。

第一个商业创意源泉是变化的环境趋势，最重要的几个环境趋势是经济趋势、社会趋势、技术进步和政策变化。了解经济趋势有助于创业者辨别哪些是商业创意实施条件成熟的领域，哪些领域需要回避。社会趋势对人们的生活方式和所需产品、服务类型有一定影响，并改变个人和企业的行为方式和优先选择。经济趋势、社会趋势和政策变化从宏观的层面上为创意提供来源，例如，经济下滑期间会导致生活必需品的增长和奢侈品需求的降低，社会的老龄化会使老年用品增长；而当前"二胎"政策的放开，可能导致"婴儿潮"，促进婴幼用品、教育产品需求的增长等。技术进步则为商业创意提供了持续不断的源泉。一方面，它能够帮助人们更好或更方便地进行日常活动，因此产生日常产品方面的新需求；

另一方面，当人们发现、发明一种新技术之后，基于它的应用会迅速占领市场，并使相关、周边市场产生新的需求。这些新的需求都是创意的来源。

形成商业创意的第二个源泉是尚未解决的问题。在人们的日常生活中，存在着各种各样的问题。而众多的创业者也正是从解决生活问题的过程中发现各种商业创意。例如，从背包过于沉重的问题出发，发现拉杆滑轮箱包的创意；从嘈杂环境中无法听音乐的问题出发，发现入耳式耳机的创意等。

商业创意的第三个源泉是市场缝隙。消费者的需求并不是时时都能得到满足，规模较小的用户群体往往被主流产品放弃。克里斯·安德森在 2004 年提出"长尾"（The Long Tail）理论定义的利基市场一个小市场并且它的需求没有被服务好，就可以针对市场缝隙而提供产品/服务，进而建立市场优势。创业者要善于发现这样的市场缝隙，发现需求，进而形成创意。

这三个来源所体现的，都是市场的需求。市场需求可以分为已经存在、潜在的和新创的需求三种。有效地采集和分析客户需求信息，并准确地加以定义，是创新创意的必要前提。创意来自市场的需求，创业者所要做的，就是去发现它、满足它、刺激它、创造它。找到市场的需求，也就找到了问题之所在，创意和后续的创业才有的放矢。而创意的形成过程，也就是创新地解决问题的过程。

5.1.2 形成创意的方法

创意的来源可能比较明显，也可能比较隐蔽。无论哪一种来源，都只是一个问题、一个发现。想要变成创意，还需要进一步的努力。这里介绍三种主要的形成创意的方法。

1. 头脑风暴法

头脑风暴（Brain Storming）是一个形象的说法，指不同的人提出不同的设想（创意）。头脑风暴要围绕一个特定的领域或者议题，一些专家有组织地进行讨论，以产生多种创意并对其进行评价。组织者请参与者轮流分享他们的创意或者解决问题的思路，其他人对此作出回应，指出优点和不足，并提出新的设想，如此循环。在讨论过程中，组织者把各种创意记录下来，供参与者进一步参考。在讨论之后，组织者对各种创意进行分析和筛选，得出好的创意。

头脑风暴法是一个集思广益的过程。组织者要善于组织和引导，既使参与者充分地发散思维，又使议题始终集中在某一个特定的范围之内。相对来说，开放性的问题和领域，如"针对放开"二胎"我们在婴幼用品上能有哪些设想"，更适用头脑风暴法。

2. 焦点讨论法

与头脑风暴法的开放性不同，焦点讨论法设置一个窄向的议题，组建一个由熟悉议题的人组成的焦点小组（Focus Group），集中在一起回答问题，通过讨论的形式双向反馈，使问题明朗化。焦点讨论法可作为头脑风暴的后续，在选定少数创意之后进行集中讨论；也可以在创业者已经有所设想之后，再组建焦点小组进行讨论。

焦点讨论法有利于使创意深化，并发现其中的不足之处甚至"致命缺陷"。创业者可选取相关领域的专家，就创意的评价、筛选、问题和解决、设想等进行深入探讨，形成比较完善的创意计划。

3．收集调查法

与头脑风暴法和焦点讨论法面向特定的人物不同，收集调查法的对象是不特定的人群。创业者可以针对创意收集各方面的信息，对创意进行调查和分析；也可以针对不特定人群展开问卷调查或者网络调查，收集他们的意见和需求。调查创意相关背景资料，目的是了解与创意有关的市场、资源、技术、行业、产业等信息，从这些方面对创意进行分析和评价。收集各方面意见和需求，是为了完善创意，发现新的需求并改进创意。

收集调查法要注意两个问题。一个问题是收集调查者的主观倾向性。收集调查者不能为了证实某个创意可行，而去选择一些对其有利的信息，忽略对其不利的信息。另一个问题是问卷等工具的设计要有针对性，问题要清晰、易懂、便于作答，并且能够对创意的可行性有所验证。

创业者一般会选择使用上述方法中的一种或多种。在反复的思考、研究、调查、反馈之后，就基本上形成了解决问题的创意设想。

5．1．3　创业机会的含义及其重要性

创意设想发现了市场需求，并提出了满足市场需求的初步思路和方法，它的实现还需要各方面的资源和条件，才能成为创业机会。熊彼特（Schumpeter）在1934年把创业机会定义为"通过把资源创造性地结合起来，满足市场的需要，创造价值的一种可能性"。这是从资源一价值的过程定义创业机会。Shane 和 Venkataraman 在 2000 年把创业机会看作创业的关键部分，并把它定义为：新产品/服务、原材料、市场和组织方式被应用于新的组成方式—结果或结果—方式结合。这个定义把创业机会视为创业者对于各项要素的集成方式和可能性。Dutta 和 Crossan 在 2005 年提出，创业机会是一系列的环境条件，这种环境条件导致创业者通过现存风险或创造新风险将一种或更多种新产品或服务引入市场。这个定义从需求（环境）—市场的过程来概括。

这些关于创业机会的定义，既揭示了创业机会的含义，也在一定程度上体现了经济社会的演进：从资源到价值的生产过程，从资源到模式的组织过程，从需求到满足的市场过程。我们把这几个定义综合起来，从需求—模式—市场—价值这样一个完整的过程考虑，把创业机会理解为：根据市场需求，把各方面资源条件加以整合，从而为市场提供价值的可能性。

关于创业，学者们提出了多种模型，都把创业机会放在重要的位置。

菲利普·威克姆（Philip A Wickham）于 2006 年提出了基于学习过程的创业模型，如图 5-1 所示。

图 5-1 威克姆创业模型

威克姆创业模型把创业机会当作创业者习得的先发成果，并经过创业者自身条件与机会的双向确认，然后再去集成资源、建立组织，开展创业活动。由于这个模型是关于创业的，资源和组织被当作已经存在的条件；我们也可以反推得到结论：如果资源和组织等方面的条件不存在，那么机会也就不成为机会了。

萨尔曼（Sahlman W. A.）在 1999 年提出了要素型的创业模型，如图 5-2 所示。

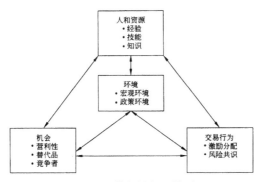

图 5-2 萨尔曼创业模型

萨尔曼创业模型把机会当作创业要素之一，并将其分为营利性、替代品、竞争者等细目。创业机会通过项目的营利能力、产品创新性、竞争激烈程度等因素，与人和资源、环境、交易等诸要素互相影响，是动态的关系。

从这两个模型中，我们可以看出，创业机会既是一个先决性、判定性的条件，也是初创企业运营过程中动态的要素。因此，它会产生和消逝——这就要求创业者既不能犹豫不决，也不能随意盲动。它既取决于创业者个人的偶然性，也带有客观市场的必然性——创业机会的偶然性体现了创业者的创新创意，它的必然性体现了市场的需求。它不仅决定着一个创意能否发展成为一个项目、一个企业，也影响着项目、企业在运营过程中的判断、决策，甚至终结。

5.1.4 创业机会的识别

Ardichvili 等人在 2003 年提出，可以根据创业机会的来源和发展对创业机会进行分类。他设计的创业机会矩阵如表 5-1 所示。

表 5-1 Ardichvili 创业机会矩阵

—	不明确的	明确的
不能界定的	梦想	解决问题
已界定的	技术转移	创业机会

其中，横轴以机会潜在的市场价值是否明确为坐标；纵轴以创业者的创造价值能力能否界定为坐标，包括人力资本、财务能力、技术、设备等。已经界定的创业者能力和明确的市场价值才能构成可识别的创业机会。

中国的林嵩等人在 2006 年指出，创业机会存在两个维度的特征。一是市场环境特征，包括市场的成长性、规模、竞争程度、网络关系等；二是产品技术特征，包括产品的技术壁垒、成本优势、技术优势及其持久性等。

Lindsay 和 Craig 在 2002 年提出，创业机会识别的过程可分为三个阶段。2 第一阶段是创业机会的搜寻阶段，对整个经济系统中可能出现的创意展开搜索并初步评价。第二阶段是创业机会的识别阶段，从创意中筛选合适的机会。这一阶段包括两个过程，一是通过对整体市场环境和一般的行业分析来判断其是否在广泛意义上属于有利的商业机会，即标准化的识别阶段；二是考察这一机会对于特定的创业者、投资者来说是否有价值，即个性化的识别阶段。第三阶段是创业机会的评价阶段。创业者对创业机会在财务、团队、资本、市场、行业、产业、技术、产品等各方面作出评价，以决定是否正式创建企业并融资。

依据以上相关论述，我们可以大致建立一个创意—创业机会的识别流程模型，如图 5-3 所示。

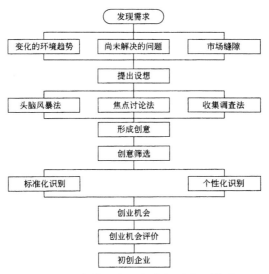

图 5-3　创意—创业机会识别流程模型

经过前面的工作，创业者在形成并选定几个创意之后，要对创意的价值进行评估，即创意筛选。筛选创意有利于创业者把精力集中到可行的创意上，而不必在那些不可行的创意上浪费时间和金钱。

根据 Lindsay 和 Craig 对于创业机会标准化识别和个性化识别的界定，筛选创意、识别创业机会主要从创意潜力、产业前景、市场条件、资源条件、创业者特质几个方面展开。

1. 创意潜力

这里所说的潜力并非创意未来盈利的潜力，而是创意未来的发展机会。新创意必须为市场消费者提供价值，即重要性和用途，并使消费者得到满足。因而，创意的潜力就会与消费者已经得到的满足程度和新创意能够增加的满足程度相关。这是评价创意潜力的一个重要方向。

消费者已经得到的满足程度和新创意能够增加的满足程度，在市场上就表现为"时机"。创业者在实施创意计划时，必须是符合时机的：需求没有被市场认可，时机的窗口处于关闭状态；某个新的需求或需求增加被市场确认，时机的窗口就打开；需求得到较好的满足，时机的窗口再一次关闭。

2. 产业前景

初创企业进入的产业类型和产业平均利润率非常重要。据研究，8%～30%的企业盈利能力差异和产业因素有关，包括竞争者数量、产业生命周期、产业增长率等。选择产业生命周期的早期——介绍期和成长期进入，更适合初创企业。产业的平均利润率会影响初创企业可生存的空间，也是一个要注意到的重点。

3. 市场条件

创意要针对一个目标市场，即在一个产业有具有类似特征的、代表更狭窄消费者群体的地区市场或细分市场。初创企业很少直接针对很广泛的市场，而是以某一大市场中的"利基市场"为目标。在进入一个新的市场之前，要考察创意在条件上是否具备规模性、产品差异化、独特的分销渠道、知识产权（专利等）的优势或劣势。

4. 资源条件

初创企业需要一定的投资，需要技术、产品、设备、原料、渠道等各方面的资源。创意能否成为一个创业机会，进而形成一个创业项目，并创办新的企业，在很大程度上取决于资源条件是否许可。创业者对此要作进一步的分析研究，首先确认不存在"致命性缺陷"，再分析项目所需的资源中哪些是具备的，哪些是不具备的，不具备的资源有没有解决的方法和途径，等等。

5. 创业者特质

行为学派的 Endres 和 Woods 在 2006 年指出，企业家依赖其不同的经验推断方法，在复杂的市场环境中发现内生的创业机会，因此创业机会内生于企业个人心理结构，机会具有异质性。所谓异质性，即创业者的个性。这是从创业者的个人角度来判断其能否提出某个创意，发现并将其识别为创业机会。创业者的经验背景、学识能力、创业动机等，都对创业机会的识别产生影响。

德鲁克认为，创业者应具备开创企业、运行企业、及时识别和评价创业机会、积累和运营知识和技能、整合资源、评估和防范风险、创新、团结和鼓励团队成员等方面的能力。其中直接提及了"及时识别和评价创业机会"，而其他各方面的能力，实际上也构成识别创业机会的因素。这就像我们通常看到的那样：一个创业项目，某人能够发现并且做成，而另一个人就难以发现或者即使发现了也最终宾败——成功难以复制。

识别创业机会，我们还要有这样的思考方法：创业机会并不是直接形成的，而是要经过《创业机会的市场评价细则》。这样的流程有利于创业者以标准化的方式识别创业机会，并结合自身的个性化特征来寻求契合。

5. 2　创业机会评价

创业者创业的目的，是实现市场价值和商业成功；创业者创业的过程，也是对其自我价值实现的过程。创业机会就是实现价值的机会，怎样对创业机会进行评价和选择、确定，是创业者需要面对的重大问题。

5. 2. 1　创业机会评价方法简介

1. 定性评价

在创业机会的定性评价方面，Howard Stevenson 等人指出，为了充分评价创业机会，要考虑 5 个重要问题：机会的大小、存在的时间跨度和随时间成长的速度；潜在的利润是否足够弥补资本、时间和机会成本的投资，而带来令人满意的收益；机会是否开辟了额外的扩张、多样化或综合的商业机会选择；在可能的障碍面前，收益是否会持久；产品或服务是否真正满足了真实的需求。

Justin Longenecker 等人提出了评价创业机会的五项基本标准。一是对产品有明确界定的市场需求和恰当的推出时机；二是投资的项目必须能够维持持久的竞争优势；三是投资必须具有一定程度的高回报，从而允许一些投资的失败；四是创业者和创业机会之间必须匹配，即存在特质性；五是创业机会中不存在致命的缺陷。

蒂蒙斯提出了一个涉及行业与市场、经济因素、收获条件、竞争优势、管理团队、致命缺陷问题、个人标准、理想与现实的战略差异等 8 个方面、53 项指标的创业机会评价体系。这个体系通过定性或定量的方式，对上述指标作出判断，来评价一个创业项目或创业企业的投资价值和机会。

2. 定量评价

John G Burch 在 1986 年总结了 4 种被广泛接受的定量评价方法。

（1）标准打分矩阵。通过选择对创业机会有重要影响的因素，由专家小组对每一个因素进行三个等级的打分，求出对于每个因素在各个创业机会下的加权平均分，从而对不同的创业机会进行比较，如表 5-2 所示。

（2）优先级公式法。按照由西屋公司（Westing House）提出的公式计算和比较各个机会的优先级。在公式中，技术和商业成功的概率以百分比表示，平均年销售数按销售产品数量计算，成本按单位成本计算，投资生命周期指可预期的年均销售量不变的年限，总成本是预期的各项投入。将不同的创业机会的具体数值代入公式，优先级越高的创业机会越有可能成功。

表 5-2　标准打分矩阵

标准	专家评分			
	极好（3 分）	好（2 分）	一般（1 分）	加权平均分
易操作性				
质量和易维护性				
市场接受程度				

标准	专家评分			
	极好（3 分）	好（2 分）	一般（1 分）	加权平均分
增加资本的能力				
投资回报				
专利权状况				
市场规模				
生产条件				
广告潜力				
成长潜力				

技术成功概率×商业成功概率×（价格-成本）×投资生命周期/总成本=机会优先级

（3）Hanan Potentionmeter 潜力指标法。这种方法通过让创业者填写预先设定好权值的选项式问卷，来快捷地得到创业机会的成功潜力指标。对于其中的每个因素，不同选项的得分可以从 - 2 分到+2 分，通过加总得到最后的总分，总分越高说明特定创业机会成功的潜力越高。只有那些最后得分高于 15 分的创业机会才值得进入下一步的选择实施，低于 15 分的则被淘汰。因素分为如下几项：

·对于税前投资回报率的贡献；

·预期的年销售额；

·生命周期中预期的成长阶段·，

·从创业到销售额高速增长的预期时间；

·投资回收期；

·占有领先者地位的潜力；

·商业周期的影响；

·为产品制定高价的潜力；

·进入市场的容易程度；

·市场试验的时间范围；

·销售人员的要求。

（4）Baty 选择因素法。通过 11 个选择因素的设定来对创业机会进行判断，如果某个创业机会只符合其中 6 个或者更少的因素，这个创业机会将被淘汰；如果创业机会符合其中 7 个或者更多的因素，这个创业机会将很有希望。选择因素包括：

·这个创业机会在现阶段是否只有你一个人发现了？

·初始的产品生产成本是否可以承受？

- 初始的市场开发成本是否可以承受？
- 产品是否具有高利润回报的潜力？
- 是否可以预期产品投放市场和达到盈亏平衡点的时间？
- 潜在的市场是否巨大？
- 产品是否是一个高速成长的产品家族中的第一个成员？
- 能否预期产品的开发成本和开发周期？
- 是否处于一个成长中的行业？
- 投资界是否能够理解产品和市场对它的需求？

我们根据中国创业者的实践经验和创业者的实际需求，吸收各方面研究成果，将蒂蒙斯评价体系简化和分解，提出一个包含市场、条件、效益三个方面，简便、有效、易操作的创业机会评价方法。

5．2．2　创业机会的市场评价

创业机会的市场评价，主要是从产品定位、市场结构、市场规模、预期占有率、价格一成本策略等几个方面来考察。具体的细则划分和参数如表 5-3 所示。

表 5-3　创业机会的市场评价细则

项目	细则	参数
产品定位	市场定位	是否明确
	市场需求	是否清晰
	市场细分	是否合理
	用户反馈	是否流畅
	产品生命周期	所处阶段
市场结构	市场进入门槛	门槛高低
	供货商渠道	是否流畅
	客户群体构成	是否适当
	经/分销商体系	是否健全
	替代性产品	替代性
	市场竞争	激烈程度
市场规模	市场成熟度	成熟程度
	市场成长性	潜力大小
	当前市场规模	规模大小

续　表

项目	细则	参数
预期占有率	市场渗透性	是否良好
	预期占有率	能否高于20%
价格-成本策略	成本构成	是否合理
	价格策略	是否适应市场
	规模效益	能否降低成本

5.2.3　创业机会的条件评价

创业条件大体上包括了创业资金、生产/服务技术、人力资源、行业经验、外部环境等。对于创业机会的条件评价，也就从这几个方面展开，如表5-4所示。

表5-4　创业机会的条件评价

项目	细则	参数
创业资金	启动资金需求	能否满足
	流动资金需求	能否满足
	未来融资	难度和规模
	运转能力	能否实现自主存活
	扩张需求	能否实现滚动发展
生产/服务技术	行业发展前景	是否良好
	产业支持	是否有力
	技术能力	是否先进
	创新性	技术创新水平
	应用能力	技术转化水平
	实现能力	技术生产水平
人力资源	管理团队	能力如何
	技术团队	能力如何
	营销团队	能力如何

续　表

项目	细则	参数
行业经验	从业经历	经验水平
	技术经验	经验水平
	开发经验	经验水平
	市场经验	经验水平
外部环境	政策法规	是否允许
	技术条件	是否可行
	环保条件	是否可行

5. 2. 4　创业机会的效益评价

所有的创业机会，只有在市场上可望得到效益的实现，才是真正意义上的机会。所以，具备了市场的必要性和条件的可能性之后，还要对项目的效益进行评价，如表 5-5 所示。

表 5-5　创业机会的效益评价

项目	参数
毛利率	是否尚于 40%
税后净利润	是否高于 20%
损益平衡所需时间	能否在 1. 5~2 年实现平衡
投资市场回报率	是否局于 25%
投资资本回报	可能性及回报率
退出机制与策略	是否合理安排

创业者可参考上述评价方法，结合附表 8. 1 中的蒂蒙斯创业机会评价体系，对创业机会作出比较恰当的评价。创业机会评价还仅仅是对创业的可行性作出初步的判断。选定一个创业项目，还要在产业、技术、竞争、资源、风险等诸方面进一步分析考察，才能得出结论。

5. 3　创业项目分析

由需求产生的创意，经过筛选和评价之后，还要进行创业机会分析，来确定商业项目切实可行。相比创业机会评估，创业机会分析是更为深入和严格的研究。

创业项目一般从产业、技术、竞争、资源等几个方面进行分析。

5.3.1　产业分析

产业由生产相似产品或服务的企业构成，是联系宏观经济和微观经济的纽带。产业可以从多方面区分，如规模、增长、结构、收益、竞争等；因而产业也就可以从这些方面来进行分析。产业分析因其宏观性和战略性而处于创业机会分析的上游位置。对于初创企业来说，在没有进行产业分析的前提下就定义一个目标市场是不符合逻辑的。

1. 产业分析的内容

产业分析一般从产业规模、产业增长、产业结构、产业收益、产业趋势等几个方面展开。

（1）产业规模。产业规模指单位时间内（当前状况）或者一段时间内（发展趋势）的产出量，以及产业内企业的数量。前者体现了产业理论上能够提供的产出总额，后者体现了产业内的竞争程度。对于初创企业来说，比较理想的状态是，产业既能够使市场参考者在各自的细分市场上获利，又不至于对竞争对手有太高的吸引力。

（2）产业增长。产业增长体现的是其发展现状和前景，既包括总体规模的增长，也包括企业的成长性，还包括利润水平的增长。一个处于快速增长期的产业，对于初创企业是充满机遇的。

（3）产业结构。产业结构指的是一个产业的集中或分散程度，以及产业的总体格局。高度集中的产业意味着在产业内部形成了比较强的垄断或寡头之间的联合，标志着产业已经进入成熟期，进入的成本比较高。对于初创企业来说，选择比较分散的产业进入，竞争风险要小得多。产业的总体格局指相对供应商和购买商的地位，其中最重要的因素是定价权。如果定价权掌握在供应商或购买商手中，这个产业的吸引力就比较低，初创企业进入时要慎重。

（4）产业收益。产业收益是由产业规模、结构、成长性等因素共同决定的。它不仅体现了产业当前的资本利润率，也体现了各种产业之间的比较结果，将对初创企业的融资能力产生比较大的影响。

（5）产业趋势。产业处在一个由经济、社会、技术、政策等构成的大环境当中，它们的变化就会形成产业的趋势。例如，煤价的变动就会影响电力的价格，进而影响企业的成本；建筑开发的活跃会拉动钢材、水泥等的需求，而其受政策的影响比较大等。

这些内容综合起来，还会构成一个产业的前景，这也是非常值得创业者关注的领域。

2. 产业分析的方法

关于产业分析，迈克尔·波特（Michael E Porter）提出了"五力模型"。五力模型指出，在产业中存在五种竞争力，即同行业竞争者、供应商、购买者、潜在进入者、替代品。其中，供应商、购买者指产业链中的位置，即上下游。参考五力模型，我们将其主项和细则列明如表5-6所示。

表5-6　产业分析"五力模型"评价表

主项	细则
同行业竞争者	技术水平地位
	服务水平地位
	产品质量地位
	市场占有率地位（含预期）
	其他
供应商竞争	供应商控制力（垄断性）
	供应商议价能力（定价权）
	供应商竞争水平
需求竞争	需求规模和结构
	需求弹性
	需求议价能力（定价权）
潜在竞争	新技术开发可能性
	产业结构调整的影响
	潜在进入者威胁程度
替代品竞争	新替代品开发可能性
	替代品优势强弱
	替代品当前占有率

然后，我们可以对这些细则赋值，将其转化为对创业项目的有利性，按1~10分打分，然后求平均值作为主项的分值。其中：

≥9分：非常有利；

7~9分：比较有利；

5~7分：竞争激烈；

3~5分：比较不利；

≤3分：非常不利。

例如，经过分析评估，得到主项分值分别为：

同行业竞争者：7 分

供应商竞争：9 分

需求竞争：8 分

潜在竞争：9 分

替代品竞争：8 分

然后，我们可以利用多边形工具，如图 5-4 所示。

这样就能得到一个比较直观的优劣结果。调整多边形数轴单位值，可以看到更为显著的效果。

产业分析得出来的结论，是创业项目在产业链中的市场地位如何。其中，定价权是产业的核心指标。在"五力模型"的分项和细则当中，创新是竞争力的核心构成。创业者提出的创意、形成的创业机会所包含的创新内容及其创新水平，是决定其在产业当中地位的关键因素。

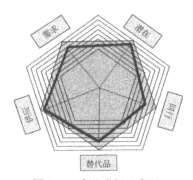

图 5-4　产业分析示意图

5.3.2　技术分析

美国未来学家阿尔文·托夫勒（Alvin Toffler）在其颇具影响的著作《第三次浪潮》中，描绘了以信息技术革命为核心的经济发展图景。其中固然有夸大不实、耸人听闻之处，也客观地指出了技术进步之于经济的重要作用。技术对于创业项目的影响就更为突出。尤其是在当今"互联网+"、O2O、互联网金融等新概念、新产业、新技术兴起的时代，技术的核心作用愈加重要。同时，技术创新过程存在相当的不确定性，它和市场的不确定性相互影响，使技术创新项目的选择具有更高的风险。因此，对创业机会进行技术方面的可行性判断，是避免技术性风险的重要手段。

近年来，我国学者结合创业实践，分析众多创业案例，对创业项目在技术方面的风险、评价、分析等进行了研究，并通过问卷调查和实证分析等方法，得出了一些有针对性的结论。1999 年，谢科范提出了技术创新分析的 58 因素体系。

2007 年，陈玉和等提出了一个从创新过程、创新环境和所需知识 3 个维度描述技术创新的三维模型。同年，张春勋利用模糊群体决策理论建立了技术创新的模糊风险评价模型。参考这些模型和其他研究成果，我们设计了包括 5 大项 21 小项的技术分析内容和应对策略，如表 5-7 所示。

表 5-7 从必要性、可能性、风险因素及防控几个方面，来分析和衡量创业机会当中技术性因素的影响。其中，策略作为针对各种分项内容的应对参考。

表 5-7　技术分析内容和策略

要点	分项	策略
技术创新效益	直接经济效益	技术要能够直接产生效益，重在考察市场转化率
	提高劳动生产率	技术创新要能够切实提高某行业的劳动生产率
	降低生产成本	技术创新要能够切实降低某行业的某方面成本
	产生高附加值	技术创新最好能够带来更高的产业附加值，提升产业地位
技术创新前景	现实需求契合度	技术创新要符合当前的市场需求
	技术应用前景	技术创新要能够不断适应变化的市场需求
	技术发展前景	技术创新领域本身具备高成长性，成长空间大
	技术未来融合性	技术创新要考虑与未来技术的对接、融合，延长生命周期
技术创新能力	研发能力	技术团队的研发能力要满足项目的需求
	产品周期和产品线	技术创新要能够推出新产品、实现差异化
	技术创新投入	技术创新的投入要满足项目发展、市场目标的需求
	市场结合能力	技术创新要实现产、学、研各方面的结合
技术的创新性	技术的竞争力	技术创新要具备足够的市场竞争力
	技术的控制力	技术创新要能够有效控制项目领域
	技术创新壁垒	技术创新要形成一定的创新壁垒，应对竞争
	技术的开放性	技术创新与外部资源良好对接，并实现时间、空间上的开放

续　表

要点	分项	策略
技术创新风险	资金风险	技术创新项目要注意资金短缺问题
	资源风险	技术创新项目要注重与所需各项资源的结合
	人才风险	技术创新项目务必控制好人才流失问题，尤其是核心人才
	市场风险	技术创新项目要始终盯紧市场，要有前瞻性
	其他可能的风险	随时对风险有所预期和防范

5.3.3　竞争分析

竞争是市场的常态。创业机会进入市场就会进入一个充满竞争的环境。关于竞争，迈克尔·波特指出：竞争战略是公司为之奋斗的一些目标与公司为达到这些目标而寻求的途径的结合物。在他提出的"竞争战略轮盘"模型中，轮盘的中心部分是公司的总目标，辐条是用来达到这些主要经营方针，如图5-5所示。

图5-5　迈克尔·波特"竞争战略轮盘"模型

首先，我们从迈克尔·波特"竞争战略轮盘"模型中挑选几个与之关联性大的要素，对健力宝的内部竞争力进行分析，如表5-8所示。

表5-8　健力宝企业内部竞争力分析及对策

要素	优势	劣势	对策
技术	独创运动饮料	自主研发能力不足	配方化
产品	具备强烈创新性	产品单一	主攻运动健康需求
营销	奥运、亚运、明星	时效性强	建立品牌优势
渠道	代理—终端推动	难以控制	利润刺激
策略	品牌、概念	产品生命周期	—

健力宝取得市场竞争的优势地位，与其发挥自身优势，采取合理、有效地对策以转变劣势是分不开的。而健力宝后期的衰退，对产品生命周期理解不足是原因之一。事实也证明，健力宝主打产品进入生命周期末端，面对越来越多的竞争对手和越来越激烈的竞争状况，就举步维艰了。尽管它及时采取了多元化、多样化的战略，但已无力回天——自主研发能力不足、产品单一、渠道失控、明星过时等一系列劣势就暴露出来。而其中的产权等问题，更使健力宝经历了种种变故，这就不是本书要讨论的问题了。

然后，我们再来看它的外部竞争环境，如表5-9所示。

健力宝的市场竞争外部环境并不是非常乐观，其成功的关键在于采取了正确有效的策略。而这些策略，完全是建立在对市场竞争的外部环境充分把握的基础上。可见，创业者务必认真分析所处的市场竞争外部环境，对创业机会在竞争方面的条件作出判断，并创新地提出相应的对策。

表5-9 健力宝企业外部竞争环境分析及对策

要素	小项	健力宝	外部状况	对策
产业状况	与供应商议价能力	强	普遍较强	—
	与消费者议价能力	持有定价权	价格需求弹性较大	比较定价法
	对供应商控制力	中等	关联性不大	—
	对消费者控制力	较强	中等	民族品牌、本地化
	产业前景	成长中	成长中	迅速扩张
	平均利润率	高	中等偏高	让利于渠道
	垄断性	—	竞争较激烈，尚未形成	快速形成垄断
	消费偏好	不明确	不明确	建立消费偏好
竞争状况	技术创新性	弱	一般	独有产品配方化
	市场占有率	—	正处于模糊状态	迅速占领
	渠道	—	分销—终端模式	终端铺货模式
	市场营销	机遇良好	广告、代言为主	品牌、概念、明星、事件
	价格	优势	分化较严重	占领价格真空地带

5.3.4 资源分析

创业本身就是资源的一种重新整合。管理学所指的资源，是企业作为一个经济实体，在向社会提供产品或服务的过程中，所拥有的或所能支配的用于实现企业战略目标的各种要素和要素组合。而在创业领域，中国学者林强和林嵩在

2005 年提出的定义认为，创业资源是企业创立以及成长过程中所需要的各种生产要素和支撑条件。林嵩进一步指出：创业过程实质上是各类创业资源重新整合、获取竞争优势的过程。

对创业机会进行资源分析，一是要明确资源需求；二是要找到获取方法；三是要确定整合战略。

资源的利用对于企业的成长的关系在战略研究理论中通常称为资源基础论。Brush 等人根据创业资源的性质，提出了人力资源、社会资源、财务资源、物质资源、技术资源和组织资源 6 种类型的资源划分，并进一步将其划分为简单资源和复杂资源。依据不同的来源，资源可以分为内部资源和外部资源，在一定条件下它们可以互相转化；依据不同的形态，资源可以分为物质资源和无形资源等。

对于初创企业来说，这些资源有的是基础需求，如资金、团队、技术、经验、模式、管理等；有的是特异性资源，包括进入不同产业领域所需要的门槛性质的资源，以及因创业者特质不同所具备的差异性质的资源。创业者面对不同的创业机会，可以按照 Brush 划分的 6 种资源类型来定位资源需求，并根据自身的情况，来定义需求的数量和获取的难度，以及资源获取的水平。

创业资源的整合可以分为两种——资源开发战略和资源探索战略。开发战略重在提升现有资源的利用能力，适用于资源约束性强、时效性强的创业机会；探索战略是对潜在资源的挖掘和利用，因其需要较长的外部获取时间，适用于时效性强、资源约束性中等或偏弱的创业机会。针对两种不同的战略，创业者可以采取创造性拼凑的手段，或者利用杠杆资源，如人力资本和融资等。

对于初创企业而言，产业、竞争、技术、资源这几方面的分析，不仅是对创业机会作出进一步的评判，得出一个结论，而且要在分析的过程中，寻求解决问题的方法。分析不仅要对现状负责，还要有能力提出相应的对策，努力使创业机会落实为初创企业。

5.4　创业机会与创业风险

创新创业是人类的激情梦想，创业的道路上也充满艰难险阻。在创业过程中，风险的存在是常态，而创业者出于个人经验等因素所囿，很难对此有充分的认识。创业风险，指由于创业环境的不确定性，创业机会与创业企业的复杂性，创业者、创业团队与创业投资者能力和实力的有限性，而导致创业活动偏离预期目标的可能性及其后果。现实地说，创业成功率是很低的。这也证明了风险存在的普遍性，以及创业者尤其是大学生创业者在认识、识别、分析、防控风险方面的薄弱。

5.4.1　创业风险的来源和因素

识别机会固然重要，创新技术和产品也是智慧的结晶，但是如果不能很好地认识风险，创业项目就有可能功亏一篑。

创业项目与成熟运转的企业不同，它所面对的环境具有更大的不确定性；创业机会的呈现和创业过程的复杂，使创业者很可能解决了一个问题又遇到另一个问题，甚至解决问题的过程本身就在创造新的问题；与成熟企业的管理者相比，创业者、创业团队与创业投资者的能力与实力还存在一定的差距。环境、过程、创业者本身，是创业风险主要的三个来源。这些不同的来源，就形成了各种各样的风险因素，成为创业者必须面对和解决的困难。具体地说，创业风险主要有以下这些因素和表现，如表 5-10 所示。

表 5-10　创业风险的来源、因素和表现

风险来源	风险因素	风险表现
创业者	创业技能	缺乏必要的创业技能，"不会"创业
	创业管理	缺乏管理经验，管不好项目
	创业团队	团队出现分歧，不能集中目标
	风险意识	缺乏创业风险意识，无应对策略
创业过程	项目选择	盲目选择项目，不能用己之长
	市场竞争	对竞争的激烈程度意识不够，无应对策略
	核心竞争力	缺乏核心竞争力，是假创新
	人力资源	关键人才流失
创业环境	政策环境	对政策的变化缺乏敏感
	资金支持	资金过于紧张，无法持续运行
	资源支持	缺乏项目必需的关键资源，难以为继
	其他	各种难以预见的困难

这些风险因素，有些是创业者自身的问题，有些是创业过程中逐渐呈现的问题，有些是创业环境的问题。在不同的创业者身上和不同的创业阶段中，这些风险因素可能会有不同的表现，对创业项目的影响不同，解决的难度也不同。创业者务必对这些风险有所认识和识别，对照自己的创业项目，检验风险主要来源是什么，因素是哪些，可能会有怎样的表现。只有这样，才能更好地去应对风险、解决问题、战胜困难，取得创业的成功。

5.4.2 创业项目的风险分析和防控

在分析创业项目的机会和风险时，经常用到 SWOT 工具。SWOT 是指项目的四个参数：S（strengths）优势、W（weaknesses）劣势、O（opportunities）机会、T（threats）——威胁。其中，S 和 W 的组合构成了项目的内部条件——"能够做什么"，O 和 T 的组合构成了项目的外部条件——"可能做什么"。

SWOT 是一个很好的分析工具，它不仅使项目的情况一目了然，还可以根据对比，寻求解决之道。首先，要列出项目的优势和劣势，然后进行对比分析。如图 5-6 所示。

SW 分析。优势劣势是相对的，是对比的结果。因此，在做 SW 分析时，要对市场的每一个环节，将创业项目与市场竞争对手进行详细的对比，如产品创新性、销售渠道、价格与成本，等等。

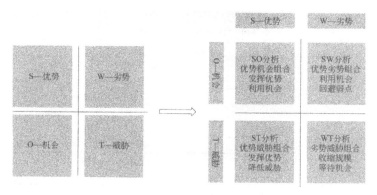

图 5-6　SWOT 分析模型的构成

ST 分析。优势和威胁是创业项目所处的环境。在做 ST 分析时，要对市场整体着眼，了解市场的各种因素，以及可能出现的趋势。

SO 分析。优势和机会是创业项目要充分利用的，要发挥优势，发现和创造机会，去赢得项目的成功。

WT 分析。劣势和威胁是创业项目面临的主要风险，要避免劣势，应对威胁，控制好项目的各方面风险。

整体分析。整体分析就是要把项目的内外部因素结合起来，扬长避短，发现问题，找出办法，确定方向。这是一个创业项目战略层面的思考。

有了这样的一个分析的结果，就可以根据它来分析一个具体的项目存在哪些机会、风险，具有哪些优势、劣势，它们的组合会产生怎样的结果，如何应对。

5.5　创业项目选择

广义上的创业项目选择，指的是对创意所在领域和具体目标的初步明确。这是在对创业项目进行各种分析之前就已经实现的，并不是本章要讨论的重点。本章所讲的创业项目选择，是在生发创意、估量机会、分析优劣、评价风险、提出对策之后的项目选定决策环节。项目选择，既是创业者投入智慧、经验、胆识、精力，经过分析、对比、研究的深思熟虑之后的成果，也是创业者下定决心投入资源、开始项目运行的过程。厘清项目选择的流程，对于创业者更清晰、更全面、更深入地把握项目，很有帮助。

5.5.1　项目选择的流程

根据本章前面小节的相关讨论，项目最终选定，大概经过如下的流程。

——生发创意。从市场需求中获得创意的领域和目标，以创新生发出项目的创意。

——形成项目。对创意进行初步的资源虚拟匹配，形成一个项目的雏形。

——估量机会。对创业机会进行估量，提出项目的初步可行性意见。

——项目分析。对项目进行深入的产业、行业、技术、竞争、资源等方面的分析。部分项目就终止或暂停在这个阶段。

——评价风险。对项目可能存在的各种风险进行识别、分析和评估。

——提出对策。对项目的各方面风险提出相应的策略。

——选定项目。通过以上的流程之后，项目被选定执行。

——模拟运行。对项目进行最小化的模拟运行，以确证其可行性。

——项目运行。项目进入正式的创业运行阶段。

这个流程可以用图 5-7 表示。

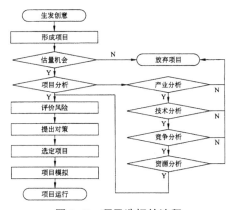

图 5-7　项目选择的流程

　　项目在风险和对策、项目模拟的阶段，如果出现比较大的问题，即存在"致命缺陷问题"，项目也应及时暂停或终止。

5. 5. 2　项目选择的原则

　　关于项目选择的各种原则，本章已经在前面的小节中有比较多的涉及，这里主要讲两点：创新和成本。

　　1. 项目的创新性

　　需求是创新的动力，创新是创意的来源。项目的创新性不仅表现在创意上，而且表现在创业项目选择的整个过程。

　　形成项目和估量机会需要创新。项目的初步形成，就是创新地架构各方面资源的成果。离开创新架构，项目就不能形成任何差异性，对市场没有任何新的贡献，也就很难立足。项目的机会来自于创新，没有创新，也就没有创业的必要性和可能性。

　　项目分析需要创新。对项目进行分析的过程，并不止于分析，而是要根据分析的结果来提出应对的措施。应对产业、行业、技术、竞争、资源等的合作与竞争、内部与外部、横向与纵向、上游与下游、控制与反制等多方面的矛盾，离开创新是不可想象的。创业者因此作出的每一个决策，都必须包含着创新的意识、思维、方法。

　　风险评估和对策选择需要创新。风险是市场不确定性的表现，是创业者自身可能存在的缺陷的表现。各种不确定性就是变化，应对变化必须创新。创业者自身总有各种不足之处，改进和提升就是创新的含义。

　　项目的选定、模拟和投入运行需要创新。此时，创业者已经准备好进入市场、投入运行，更要把创新作为第一需要、第一目标、第一行动。只有坚持不断地创新，才有能力去应对不断变化的市场。

　　所以，创新是创业贯穿始终的灵魂。创业者务必坚持不懈地创新，把创新本身当作一种目标、一种追求、一种常态。

　　2. 机会成本与沉没成本

　　关于成本的原则，其要点是：创业者要学会放弃。

　　一个创业项目，创业者投入大量的时间、精力、金钱去思考、分析、调研，最终的结论是"不可行"。此时，创业者就必须要有壮士断腕的勇气，切不可因投入过多而舍不得放弃。

　　我们经常听到"舍得"，"有舍才有得"。那么，什么是舍，什么是得？舍，就是沉没成本和机会成本；得，就是新的机会。所谓沉没成本，就是由于过去的决策已经发生的、无法由现在或将来的任何决策改变的成本。比如创业者投入了精力去分析一个项目，不管这个项目是否可行，分析过程中的投入都不可能再改变。所谓机会成本，就是为了得到某一价值，而所要放弃的另一些东西的最大价值。比如，创业者从其他身份转变为创业者，就要放弃另外一种人生；一个创业项目最终没有被选定，是为了选择另一个更好的创业项目。

创业者在选择创业项目的过程中，就在不断地投入机会成本和沉没成本。这些成本有的是已经投入再不可能改变的，有的是因为追求而必须做出的放弃。创业者不能因为已经投入了很多成本而不去选择放弃，一意孤行——不管怎样做，都不可能改变已经付出的一切，要向前看。这是必要的选择，也是人生的境界。

5.5.3　模拟和运行

项目有必要进行模拟。模拟是运行前最后一次评估，是以最小的成本投入来最终实际验证项目的可行性。一个创业项目投入运行，就要投入大量的资源。一旦项目失败，创业者的心血就会付之东流，对创业者的打击无论是从心理上还是在现实上都是非常大的。创业者无畏困难和挫折，但是如果有机会去避免困难和挫折，价值也是非常大的。这个最终的避免方法，就是模拟。

模拟以最小化的运行来实现：创业者投入最小规模的资源，仅实现项目的局部的、初始的运转。如果这个时候项目能够现实地运转起来，那么再投入相应的资源，实现项目的正式运行，就有了一定的保障。不仅如此，创业者还可以从模拟过程中获取宝贵的经验和教训，在动态过程中理解市场、需求、行业、竞争、风险的内容，并提出更有效、更有针对性的策略。同时，项目的最终选定、投入运行，创业者就要转变身份，既要扮演一个创业者的角色，同时又要扮演一个管理者的角色。模拟也是这种角色转变的适应过程。

本章重点讲述了创业者始自市场需求，经过生发创意、形成项目、估量机会、项目分析、风险评估、提出对策，最终选定项目的整个流程和方法。创业者要始终抓住需求这个根本，以创新作为灵魂来凝聚各方面的资源，对市场有全面、深入、系统的理解和把握，才能选择一个成功可能性更大的优质项目。创业是创业者生命中最具激情与梦想的部分，也是创业者生命中可能面对的最多、最大艰难险阻的部分。无论是成功还是失败，这都将是创业者值得珍藏的人生经历和体验。

第6章　初创企业产品创新

产品是初创企业实现价值目标的载体。有效地实施产品创新，更好地满足市场需求，是一个初创企业成立的理由和依据。关于产品创新，熊彼特认为，产品创新就是"采用一种新的产品——也就是消费者还不熟悉的产品——或一种产品的一种新的特性"。经合组织（OECD）曾经将产品创新界定为"为了给产品用户提供新的或更好的服务而发生的产品技术变化"。浙江大学的许庆瑞教授认为，凡是技术创新活动引向开发新产品的，都可称为产品创新。清华大学傅家骥教授认为，产品创新即创新的目的是得到新的或有某种改进、改善的产品。这些定义主要从产品—技术的演进出发，其中固然包含了市场需求的因素——不论是依据市场需求出发还是刺激市场新的需求——但是都没有把需求当作产品创新的根本动因。

1990年，菲利普·科特勒提出，现代产品创新包括核心、形式、附加3个层次。后来，他进一步将其扩展为5个层次，即核心利益、一般产品、期望产品、扩大产品和潜在产品。这就建立了一个以市场为导向的关于产品创新的整体概念，并且将产品创新的内涵界定为功能创新、形式创新和效用创新。

初创企业要在市场上立足，就必须发现市场需求、提出产品创意、实现产品创新，并对其进行有效管理，选择适当的市场策略，最终将产品投放于市场。本章将从流程、方法、思路、管理、策略等几方面来对初创企业的产品创新做简要介绍。

6.1　初创企业产品创新的流程

产品创新始于市场需求。初创企业从发现需求，有了满足需求的设想、形成创意，再具体化到产品，经过发明、设计、试验、原型、测试、改进等必要流程，集成诸多要素，才有可能使创新产品在市场上实现其价值。

6.1.1　从需求到产品创意

1. 发现需求

需求是能力和愿望的体现。经济学中的需求，指的是一定价格水平下，消费者愿意并且有能力购买的产品数量，这样的需求可以通过价格—需求曲线描述。初创企业产品创新领域所观察的需求，则是人们对于现有供应的不满足。不满足包括数量上的，如生产能力、替代品因素；包括产品功能方面的，如人们希望用尽可能少的实体实现更多的功能，如锅既可以炒菜又可以煲汤；包括技术、工艺领域的，如人们希望用续航时间更长的手机电池，吃到口味更好的方便食品等。这些不满足有些是明确的，有些则是潜在的。在一个活跃的、自由的、开放的市场，一旦各方面条件成熟，明确的需求会迅速得到满足。而那些尚未被满足的需求，则有待于去发现。发现需求的方法主要有以下几种。

一是观察法。观察法是指创业者深入市场对消费者的表现进行观察并记录的方法。观察的对象主要是消费偏好、消费愿望、消费能力、消费反馈等。消费偏好体现了消费者的倾向性；消费愿望体现了消费者的主观需要；消费能力体现了消费者的支付水平；消费反馈体现了消费者的期望目标。对这些内容作出分析，就能找出消费者潜在的需求。

二是调查法。调查法是指创业者通过与对象的交流获取需求信息的方法，可以分为问卷和访谈两种形式。问卷和访谈围绕着消费者的需求及其满足程度展开，问题主要包括：

·对现有产品有哪些不满足；

·希望获得哪些功能和特性；

·愿意为这些新功能、新特性额外支付多少费用等。

这些问题重在收集消费者的看法、态度、偏好等方面的信息。

三是资料法。资料法指创业者对既有的市场资料进行分析、研究的方法。产业和行业会定期提交相关的发展报告，媒体也会披露一些关于产业、行业、企业的信息。在这些信息当中，有些是与创业关系不大的，有些则表达了消费者某些未被满足的需求。尤其是产业发展方向，往往就是潜在需求驱动的。

2. 提出问题

发现需求之后，创业者要找出需求和供应之间的矛盾，提出相应的问题。

这些问题就是市场需求的焦点，是需求和供应之间的矛盾之处。尚未得到满足的需求，就是市场存在的问题。发现并提出这些问题，创业者就能进一步分析它、解决它，从中形成产品创意。

3. 形成产品创意

与创业创意重在提出整体的商业解决方案不同，产品创意是针对一个新的产品，或者解决一个新问题的初步设想。初创企业要结合愿望和能力，带着可行性的目标去发现问题、解决问题、形成产品创意。

形成产品创意的方法主要有分析法、组合法、对比法、联想法、汇总法等。分析法是指从功能、结构、工艺等方面对旧产品或者需求进行分解，列举各部分的作用和关系，找出解决问题的方法。组合法是指将不同功能的产品组合到一起，考虑它们之间的关系，形成新的功能，从而解决问题的方法。对比法是对比不同产品的优劣，将各种产品的优势结合到一起的方法。联想法是指将一种产品的功能实现过程迁移到另一种产品上，丰富功能、满足需求的方法。汇总法是将多个创意放在一起，择其长处，重新组合形成新创意的方法。

在形成创意的过程中，创业者要对产品的功能、性能、原理、结构、材料、工艺等诸方面有所构思和设想，并对可能的组合进行筛选，经过多次努力，淘汰不合格的创意，找出解决问题的最佳方案。

6.1.2　从创意到产品

产品创意到产品原型是一个发明和改进的过程，其中包含了功能、形式、效用等各方面的创新。对此，国内外学者提出了一些理论和模型。

Pahl & Beitz 理论。20 世纪 70 年代，德国学者 Pahl 和 Beitz 提出了系统化的产品设计方法学。在这个理论中，问题求解被认为是有步骤地分析与综合，从定性到定量的过程。Pahl 和 Beitz 认为，产品创新是信息演进的过程，分为 4 个阶段：明确任务阶段、概念设计阶段、具体化设计阶段和详细设计阶段。每一个阶段都是对上一个阶段的具体化改进，直至获得最终结果。

通用设计理论（GDT）。20 世纪 70 年代由日本东京大学吉川弘之等提出，认为设计在本质上是一个分解、映射和综合的过程。1998 年，吉川弘之提出一个"精细设计过程模型"，将设计定义为完成技术规格书的过程。设计者要根据功能、行为状态、属性等编制设计目标的技术规格书，设计过程表现为规格书的不断精细化。

公理化设计（AD）。1990 年，美国麻省理工学院（MIT）Nam P Suh 等将传统的、以经验为主的设计，建立成为以科学公理为基础的公理体系。公理化设计模型包括需求域、功能域、结构域、工艺域，对产品创新的需求、功能、结构、工艺进行映射。公理化设计提出了两个基本公理。一是涉及功能和参数之间关系的独立公理，即功能独立实现，参数影响功能，因此可以实现模块化设计。二是信息公理，意为减少设计结果的信息含量，尽可能降低设计的复杂性。

TRIZ 理论。由俄罗斯发明家根里奇·阿奇舒勒（G. S. Altshuller）在1946 年创立的，关于发明问题解决理论的研究成果。它的内容包括了技术发展进化的规律模式、解决各种技术矛盾和物理矛盾的创新原理和法则，是由解决技术、实现创新开发的各种方法、算法组成的综合理论体系。TRIZ 理论作为工业化发明、工业化产品创新的重要理论和方法，对工业经济的发展进步起到了很大的推动作用，也是创新经济的理论、方法支撑。

对于创业者来说，TRIZ 理论是产品创新的重要方法。我们重点以 TRIZ 理论为例，简单介绍从产品创意到创新产品的方法。

创意是一个初步的设想，形成产品则需要进一步地、系统地分析和解决问题。这就需要用到 TRIZ 理论中的多屏幕法。多屏幕法通过关注系统的过去、现在和未来，以期有一个趋势性的把握，从而寻求到解决问题的方案。一个系统可以分为超系统、系统、子系统三个方面，它们各自的过去、现在、未来就组成了一个矩阵。

利用多屏幕法，很容易就能发现未来电动剃须刀的发展方向，包括其技术支持（超系统）、产品创新（系统）和构件升级（子系统）等各方面。看到这样的图示，新产品已经呼之欲出。多屏幕法适用于相对比较简单的系统，而复杂的工业系统或者需要简单化，或者需要科学地分析建模——物场分析法。物场分析法把系统分为物（物体或物质）、场（作用力）两个部分，物又可以进一步分为工具和对象，场又可以细分为有害的、有益的、过度的、不足的等。

对于旧产品的改进，创业者可以应用 TRIZ 理论的多屏幕法、物一场分析法对其进行改进，找出创新点和创新领域，对产品进行改进升级，把创意转化为创新产品。对于市场上尚未存在的产品，创业者同样可以应用 TRIZ 理论，设计发明出新的产品。例如，电动剃须刀之于手动剃须刀，就在于它增加了新的"物"——电机，并且解决了场的问题——润滑和软化；随身听之于传统的收录机，就在于它减少了一部分物，并将其小型化；方便面之于传统的面条，在于它改变了场的方式——加热可以通过热水本身的热量实现，而不必采用炉灶等传统加热工具，从而实现了产品创新。

在产品设计的过程中，创业者要编制创新产品计划，系统地考虑功能、性能的目标和指标，对材料、工艺、成本等作出全面的考量。

6.1.3 产品的测试和改进

从创意应用 TRIZ 工具到产品，得到的还只是产品的原型。原型要经过测试和改进，才能成为商业化的产品。熊彼特指出，只有成功实现了商业化的发明，才可以被称为创新。他非常重视市场机制在创新要素配置中的基础性作用。成熟企业在产品创新方面有更多的经验，也有更多的时间和投入，并有能力承担更大的风险；初创企业多欠缺这方面的经验，对市场的理解能力、抗风险能力、研发和投入能力都相对较差。因此，初创企业更要重视产品的测试和改进，并在时机和产品创新水平上求得平衡。具体地说，就是要依据市场的需求，检验、测试产品原型与需求的契合程度，对产品原型加以改进。

1. 产品的测试

产品的测试要解决以下几个问题：

——发现产品的缺点；

——评价产品的商业前景；

——对比评价其他产品优劣；

——判断产品对各个细分市场的吸引力；

——获得市场营销等方面的创意。

产品原型开发出来以后，不可能是尽善尽美的。测试过程中要发现它的不足之处，对其重新进行设计并改进。产品是否具有吸引力，与其他产品相比有哪些差异性、优势，如何选择成本—价格策略，这些都需要在测试中获得第一手的体验。测试要以"更好地满足需求"为核心，注重体验和评价。

测试的方法有两种。一种是单一测试，被试者使用单一产品，依据既往的消费经验对产品作出评价。一种是对比测试，被试者将受试产品与市场上其他产品进行对比，得出优劣结论。对一个产品进行测试时，这两种方法都要用到，前者重在体验，后者重在比较。

创新产品一般要经过几轮测试才能得出结论。第一轮测试一般称为 Alpha 测试，主要的测试对象是内部工作人员、亲友等，测试的目的是发现重大缺陷并予以解决。第二轮测试一般称为 Beta 测试，测试对象是公开的、非特定的人群，测试的目的是回收用户反馈，进一步改进产品。第一轮、第二轮所指并不是次数，如有必要，Alpha 测试和 Beta 测试都要实施几次，以期尽可能消除产品的各种缺陷。

2. 产品的改进

产品的改进是与产品的测试同步进行的。依据菲利普·科特勒关于产品创新内涵的界定，以及初创企业的发展目标，产品改进要围绕以下几个方面进行。

改进功能。在测试中，发现原型产品的功能还有欠缺的地方，或者某一项功能的优化引起了另一项功能的退化，或者还有更好的解决方案等，都是需要改进的地方。某一项功能的优化引起另一项功能的退化，这在产品创新中是经常遇到的情况。此时，创业者要利用 TRIZ 理论中的物—场分析法，研究物场的变化引起了系统整体和其他部分怎样的变化，找出问题的所在并予以解决。

改进外观。原型产品往往是比较粗糙的，重点强调了其功能方面的优化，忽视了外观设计。改进过程中要解决外观方面的问题，并为其商品化设计提供创意。

改进成本结构。创新产品在性能、功能方面的优化成果，往往需要投入更多的成本来实现。产品的改进过程中，要对成本控制有所考量，注重产品创新部分的性价比。对于性价比过低的创新产品，要寻求降低成本的方法。

产品经过改进之后，还要对其功能、性能、外观等进行评估。创业者要重复测试—改进—评估的循环，直到产品在功能、性能、外观、成本结构方面达到目标要求。

6.1.4　产品创新的前端流程

经过改进的产品，即将达到商业化的要求。此时，产品就基本定型，可以作为创业项目的基本载体。下面，我们把产品创新前端部分的流程做一个简要的小结，如图 6-1 所示。

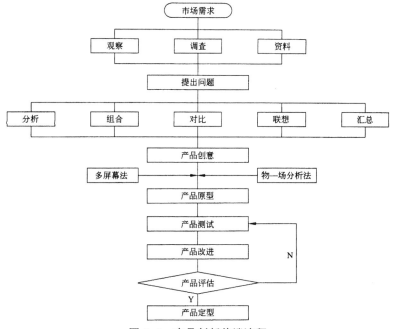

图 6-1　产品创新前端流程

　　起始于市场需求，利用观察、调查、资料等方法提出问题，经过分析、组合、对比、联想、汇总等方式生成产品创意，依据多屏幕法、物—场分析法等法则设计产品原型，再对产品进行测试、改进、评估，创新产品就基本定型。创业者将依据这个基本定型的产品载体，展开一系列创业活动。

　　与成熟企业相比，初创企业往往是小型、微型企业，在投入、研发、风险防控等方面存在各种欠缺；同时，初创企业没有历史包袱，直接从市场需求出发，在产品创新上能有更大的作为。初创企业在整个产品创新的过程当中，要始终以需求为导向，以创新为核心，才能得到市场的认可，获得创业的成功。

4. 2　产品创新的思路、模式和途径

　　关于产品创新的动力机制，历史上曾经出现过技术驱动和市场驱动两种主要的观点。在现实的企业中，产品创新总是在技术、需求的两个维度之中，将市场需求和技术能力相匹配，寻求其最佳结合点。因此，产品创新的动力，从根本上说是技术推进和需求拉引共同作用的结果。对于初创企业来说，技术为产品创新提供了可能性，而市场则为产品创新提供了必要性；产品创新本身，也正是初创企业生存与发展的内生动力因素。

　　与成熟企业按照既有的战略和计划实施产品创新的思路不同，初创企业的产品创新是和整个企业创办的过程结合在一起的。因此，在思路和模式上，也具备

着初创企业的特殊性。产品创新的思路、模式、途径，解决的是初创企业以下几个方面的问题。

思路：解决初创企业产品创新从哪里入手的问题。

模式：解决初创企业产品创新实现形态的问题。

途径：解决初创企业产品创新实现方式的问题。

6.2.1 产品创新的思路

对产品不同方面的理解，共同构成了产品的价值。对其中一个或几个方面的创新，就可以改变消费者对产品价值的评估。这也就为创业者提供了产品创新的思路。根据科特勒基于市场的产品创新内涵界定，产品创新的思路主要体现在概念、功能、形态、生态、界面等方面。

1. 概念创新

概念创新是产品创新的最高形式，它将一个全新的价值概念导入市场，定位于能对经济产生重大影响的新产品、新技术。全球领先的汽车厂商在车展上展出的概念车型，计算机生产厂商对于运算速度的不断追求和展示，都属于概念创新的范畴。概念创新或许不会去考虑现有的消费能力、技术水平、材料工艺等，它是对人们未来生活方式、价值追求的构思和引领，具有相当强烈的超前意识。

对于初创企业来说，概念创新似乎很遥远，其实不然。概念首先是一种价值主张，而在价值主张上的创新，在当前互联网经济时代甚为普遍，也成为众多新兴经济领域初创企业的市场切入点。因此，相对于成熟企业着眼于重大影响的概念创新，初创企业要把着眼点放在改善生活品质的日常价值创新上。例如，运动手环对于健康、运动理念的生活价值创新，Twitter、Facebook 等对于社交、交流的生活价值创新，都从一个事先看来并不重大的领域，成功地实现了概念上的创新。

2. 功能创新

功能是实用性产品的核心意义和主要内涵。从功能入手研究和分析产品，找出创新点，调整其功能结构，实现功能、形态、经济、审美等在价值上的统一，是产品创新的一个可行思路。例如，佩戴式运动监测装备就是把随身听的设计思想和医用小型化监测设备，在移动网络的支持下的创新产品。它在功能上实现了信息化、便携化、全天候，同时向用户传递了运动、健康生活的价值。

相对于丰富的市场需求，产品功能的发掘是没有止境的。对于初创企业来说，着眼于功能，更容易寻求产品的创新点。

3. 形态创新

从功能到形态，这是一般产品创新常用的思路，但不是唯一的思路。产品创新也可以从形态入手，赋予某种形态以新的功能。比如，头戴式耳机就是这样的创新，它赋予已经存在的形态头戴式保暖耳罩以新的功能，实现了产品创新。类似的，随身听上面的皮带夹也是利用了人们已有的皮带作为载体，因而采用了这样的形态。初创企业在产品的形态上进行改进和改善，满足市场不同的需求，是一个可行的思路。

　　4．生态创新

　　生态创新是在产品创新过程中加入生态保护的价值元素，提高产品的环境健康度和亲和力。在当前环保理念和价值深入人心的时代，生态创新是非常有前途的产品创新思路。例如，可降解产品的应用，一次性用品的废弃后处理，都可以作为生态创新的着眼点。成熟企业的产品生态创新需要改变上游供应商和已有的产品生产线，投入和负担都比较重；初创企业可以更方便地把生态领域技术进步的成果应用于产品创新。

　　5．界面创新

　　界面是人和产品直接接触、互相施加影响的区域，它是传播文化、审美、价值最为直接也是最为直观的工具。创新界面，使之更符合用户的文化、审美、价值追求，让消费者在视觉、听觉、触觉等方面有更好的感受，也是产品创新的思路之一。界面包括结构、交互、视觉三个主要方面，产品创新要从这三个方面去寻求完善。对于初创企业来说，界面的创新更容易引起市场的注意，产生更为强烈的刺激。

6.2.2　产品创新的模式

　　根据产品进入市场的时间先后不同，产品创新可大体分为率先创新和模仿创新两种主要模式。这是一个笼统的划分。罗伯特·库珀在《新产品开发流程管理》中列出了六种不同模式的新产品。我们在这个划分的基础上，结合初创企业的产品创新特点，来简要介绍产品创新的模式。

　　1．全新产品

　　全新产品是市场同类产品的首次投放，它的意义在于创造了全新的市场。此类产品约占新产品的10%。初创企业选择全新产品作为产品创新的模式，有一定的风险，但其成功的收益也非常可观。初创企业开发全新产品要深入调查市场需求，寻求价值、需求等诸方面的契合。

　　2．新产品线

　　这些产品的功能和价值对市场来说并不新鲜。但由于既有企业出于策略的考虑，产品线并未覆盖所有的用户需求，因而这类产品对于有些细分市场来说是新的。约有20%的新产品归于此类。初创企业可根据长尾理论等，寻求市场的缝隙或未被满足的利基市场，通过产品线的创新设计，实现产品创新。

3. 已有产品品种的补充

这类新产品属于企业已投放市场的产品系列的一部分，是对旧产品在品种、类型上的完善。如肯德基推出的"全家桶"，就是对于中国特有的家庭消费类型的补充。此类产品是新产品类型中较多的一类，约占所推出的新产品的26%。初创企业要善于发现市场在这方面的需求，并找到供应的不足之处，以此为出发点实现产品创新。

4. 旧产品的功能改进型

旧产品在市场上销售一段时间之后，收到各种关于功能、性能上的反馈，企业据此对旧产品进行改进，提供更多的内在价值，形成新产品。此类产品创新模式在软件行业、制造业等应用较多，占推出的新产品的26%。初创企业对于技术的进步和市场的需求要有相当高的敏感度，善于发现产品在功能等方面的可改进之处，实现产品创新。

5. 重新定位的产品

适于旧产品在新领域的应用，包括重新定位于一个新市场，或应用于一个不同的领域。这类产品往往是在使用过程中发现了新的功能、新的需求，据此在市场上获得重新定位。此类产品占新产品的7%。

4. 工艺、流程、外观等方面改进的产品

这类产品在性能、效用上几乎没有什么改变，但其材质、成本、界面等得到了强化或改善，因而比旧产品具有更强的竞争力。此类产品占新产品的11%。初创企业要结合技术、市场等各方面的进步因素，将其应用于产品创新。

这些产品创新的模式，为创业者在产品创新的操作上提供了选择和方向。发现产品在发明、改进、完善、细分等方面的机会，应用合理的创新模式，实现产品的商业化，初创企业就能在投入较低、风险较小、条件比较充分的情况下进入市场。

6.2.3 产品创新的途径

一般来说，产品创新的途径可以分为内部创新和外部创新两大类。其中，内部创新可以分为自主创新、逆向研制、产研结合几种途径，外部创新可分为引进、购并、知识产权交易几种途径。初创企业可根据自身条件和目标，选择其中的一种或几种。

1. 自主创新

自主创新是由初创企业自行研究和开发，发明新产品或改良旧产品。自主创新是通过实现自主知识产权的独特的核心技术，以及在此基础上实现新产品的价值的过程，它的成果一般体现为拥有自主知识产权的技术、产品、品牌等。

大型的企业都非常重视新产品的研发，以期参与市场潮流的塑造。对于初创企业来说，自主创新具有相当高的壁垒，来自产业、行业、技术、材料、工艺等方面的困难非常多。而且，存在大量专利产品，因其不符合市场需求或者各方面条件不具备而被束之高阁。创业者在开展自主创新时，首先要检索专利信息库，看自己的创意是否已经被他人申请专利，避免重复投入，也可以避开已经被市场验证为不可行的风险。同时，要对自主创新的产品在各方面综合考量，量力而行。

2. 逆向研制

逆向研制是一种产品设计技术再现过程。对产品进行逆向分析及研究，得出该产品的工艺流程、组织结构、功能特性及技术规格等要素，以制作出 i 能有所改进的新产品。对于初创企业来说，逆向研制可以缩短产品的设计、开发周期，加快产品的更新换代速度，降低企业开发新产品的成本与风险。

逆向研制可以从模仿开始。模仿的过程也是深入理解产品的过程，其目的一是发现旧产品在功能等方面的不足之处，以作出改进；二是在模仿过程中探讨产品的材料、工艺、流程等生产要素，以利于此后的生产。

3. 产研结合和知识产权交易

产研结合即产业、科研机构相互配合，发挥各自优势，形成强大的研究、开发、生产一体化的先进系统，并在运行过程中体现出综合优势。

初创企业的研究能力相对偏弱，科研机构普遍存在产业化不足的现象，大量可利用的研究成果处于沉睡状态。产研结合的途径可以实现优势互补。初创企业利用研究机构的成果，委托其研制创新产品，或将其已经研制的创新产品专利、实用新型购为己用，就可以迅速转化为产品投放市场。在自主研发或逆向研制能力不足，但对创新产品已经有了相当程度的理解和研究时，产研结合的途径更为行之有效。

知识产权交易则是通过购买专利、实用新型等，将其转化为产品的创新途径。知识产权交易其实是另一种方式的产研结合，只是直接投入在研究成果而不是研究过程上。相比产研结合途径，知识产权交易能够进一步控制风险，减少初期的投入。

4. 产品引进和并购

产品引进是一种被大量使用的创新产品途径。这是一种市场创新的途径：某个产品已经得到充分的市场认可，而另外一个市场尚未开发时，产品引进就是风险小、收益大的选择。例如，精酿啤酒的引进，大众汽车初创时对帕萨特2.0 代车型（改名桑塔纳）生产线的引进。引进产品的目的是迅速积累产品持续创新的资金和经验，在时机成熟之后进一步创新产品。

并购则是直接收购生产某种产品的厂商，或者将其生产的产品投放到新的市场，或者利用其已有的技术条件、生产条件开发新的产品。如联想对 roM 笔记本生产部门的并购。

联想的并购总体上实现了双赢甚至多赢。在自主研发条件不成熟时，并购是一个可行的途径。在并购完成以后，联想的产品线得到了进一步的完善，其市场占有率也有明显的提升。

4.3　产品创新管理

产品创新是从产品创意到产品商业化的全过程，涉及初创企业的各个部门。对创意、流程、风险、市场等产品创新要素实施有效的管理，是初创企业的重要工作。

6.3.1　创意管理

创新产品的创意管理，主要体现在创意的来源管理和筛选管理上。

1. 创意的来源管理

新产品创意的来源包括顾客、科研人员、竞争对手、市场人员、管理人员、创意机构等。1992 年的一项调查指出，80% 的美国企业认为，顾客是其新产品创意的最佳来源。这从一定程度上验证了需求之于创意的重要性。除此之外，学校、咨询公司、协会、媒体等也是新产品创意的来源。企业更应该努力激发内部人员的热情来寻求创意。

并不是每一项创意都能转变为商业化的产品，所以越多的创意来源，企业越能从中找出可行的创意。初创企业尤其要重视创意的来源管理。在寻求创意时，要重点从以下问题入手：

——企业重点发展的产业、行业是什么；

——开发新产品的目的是什么；

——开发新产品需要怎样的资金和资源；

——独创和改进新产品要在功能上有哪些实现等。

2. 创意的筛选管理

创意的筛选主要从两个方面来完成。一是创意与初创企业的目标、价值是否相适应，重点考量创意所达成的产品，是否符合企业的利润目标、销售目标、发展目标和价值目标。二是初创企业有没有能力把创意开发成新产品，主要体现为资金、技术、人力、销售等方面的能力。创意的筛选过程如图 6-2 所示。

在筛选过程中，企业要避免两种情况：误弃和误用。通过筛选的创意即可进入概念设计阶段。

6.3.2　流程管理

产品创新的流程管理，一是体现在产品创新要按照一定的流程来操作；二是各个流程中的执行层面管理。

1. 前端流程管理

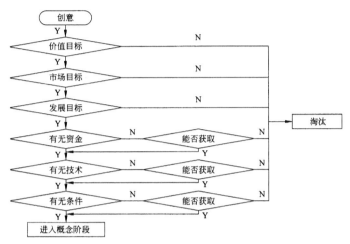

图 6-2　创意的筛选管理

前端流程指从发现需求开始，到产品的设计定型这一阶段。在 8.1 中已经列出了这一阶段的大体流程。在这一阶段，企业要不断地以价值、目标、能力等方面的要求去衡量需求、创意、设计方面的问题：

——需求是否切实存在？

——需求与我们的价值目标是否一致？

——我们能否满足这个需求？

——创意是否可行？

——设计如何体现企业的价值？

初创企业要认真回答这些问题，设计相关的标准，判断前端流程中的每一步工作是否切实被执行和完成。

2. 开发和后期流程管理

创新产品完成设计定型之后，就进入开发流程。这一阶段是创新产品从前端——企业内部走向市场的关键。在开发过程中，企业要对产品的功能、性能、材料、工艺、成本等作出综合的控制和管理。

功能管理。要确保产品能够实现预期的功能，并在开发过程当中进一步完善和发现新的功能目标。

性能管理。要确保产品能够达到质量方面的要求。

材料和工艺管理。要确保产品在材料的选择、利用、工艺等方面达到预期的指标要求。

成本管理。要确保产品在一定的成本区间内能够被量产。

在开发过程中，企业管理者要与开发团队经常沟通，了解开发的进程，控制开发的时间，并处理好其他部门与开发部门之间的关系，为产品开发创造良好的内外环境。

产品开发完成后就将进入后期商业化的流程。商业化流程主要包括产品的外观、包装设计，产品的市场推广设计，产品线的设计等。在这一阶段，管理者更需要从消费者的角度、市场的要求去检验产品是否与需求相契合，是否达到了创新的目标，能否实现企业的市场战略要求。

6.3.3　市场管理

产品开发成功之后，面对的就是市场。在进入市场之前，初创企业还要进行市场试验，并制定市场战略。

1. 市场试验管理

如果初创企业能够认可新产品开发的成果，就可以着手对品牌、包装和初步的营销方案进行设计。在真正推向市场之前，为了规避各方面的风险，要对新产品进行市场试验，从消费者、经销商那里了解关于新产品使用、再购买、经营的信息，并采取相应的对策。对于不同的产品，可以采取不同的试验方法。

消费品的市场试验主要考察试用率和再购买率两个指标，可以采用销售波动调查法、模拟商店法、试验市场法等。销售波动调查法是选定一批消费者样本，免费提供新产品试用，再分期折价对其供应新产品和其他同类竞争产品，了解消费者的选购比例、满意程度等。模拟商店法是邀请若干消费者观看一些商品的广告，把新产品广告在不标记的情况下穿插其中，然后赠予每名消费者一定数量的现金，要求其去指定的商店选购与新产品同类的商品，从而了解新产品的选购率。过一段时间还可以继续向其调查新产品购买使用的态度、使用状况、满意程度、是否再购买等信息。试验市场法是选定一个样本市场，由企业的销售人员向这个市场的消费者实际推销，并在此范围内开展一定的宣传和推广。试验市场法能够获得比较准确的结果。此外，对于一些特定的产品，企业还可以组织产品使用试验、参加博览会等活动，以了解消费者对新产品的态度。

2. 市场战略管理

初创企业新产品的市场战略主要包括四个方面的问题。

何时推出新产品——选择推出新产品最适宜的时机。比如在春季开始投放空调、冷饮等新产品，在秋季开始投放保暖服装新产品等。

何地推出新产品——选择推出新产品最适宜的市场。出于成本投入等方面的考虑，新产品很少直接在全国市场铺开。因此，新产品的投放要选择主要的市场，取得立足点之后再向更大范围铺开推广。麦当劳进入中国市场时，就选择了北京、上海这些有指示性的消费市场，节约了推广费用。

向谁推出新产品——选择推出新产品最适宜的顾客。选择好合适的顾客群体，就可以以其带动一般顾客，以最快速度、最少费用尽快占领市场。

如何推出新产品——选择推出新产品最适宜的营销。

6.3.4　风险管理

新产品开发带有强烈的不确定性，存在多种风险。根据调查，1991 年，美国新产品开发的失败率达到 86%。因此，新产品开发的风险管理，是企业尤其是初创企业必须重视的。

1. 风险的来源

新产品开发需要对市场需求、企业内部条件、市场外部条件作出预测，这些预测并不是绝对可靠的，而是存在一定的偏差的可能。开发新产品需要一定的周期，在开发周期中，外部环境可能发生各种各样的变化，此前的预测是否有效就成为问题。不仅在市场预测方面，市场的复杂性、多样性和多变性，是在一个产业、一个行业难以全面把握的。如政府的政策导向、突发事件、不可抗力因素，更难以作出事前的预期。这些都是风险的来源因素。事实上，"不确定性"已经成为现代市场经济的一个特点。因素的不确定性和绩效的风险性，是企业产品创新的显著特点之一。对于初创企业来说，由于企业尚未经过长期的运行磨合，不确定性因素就更容易被放大。

新产品开发的风险，主要来自政策、行业、产业风险，市场风险，资金风险，人力资源风险，组织管理风险以及其他不可预见的风险。初创企业要针对新产品开发过程和结果可能发生的风险作出预估管理。

2. 风险的防控

彻底防控这些风险因素是不可能的，也没有必要。风险的发生带有一定的概率性，风险管理主要针对其发生的概率进行预测，并对主要的风险提出防控或规避的措施。

政策、行业、产业风险的防控。这部分风险的特征是带有一定的趋势性，但政策本身在时间、方式上又非常不确定。初创企业在开发新产品之前，就要了解政策、行业、产业的发展趋势，避开可能有较大变化的领域——当然，变化本身也是一种机遇。

市场风险的防控。市场风险的特征是它的不确定性。需求、供应、竞争都可能在短时间内发生剧烈的变化，而新产品可能还没有开发完成就已经失去了市场的竞争力。初创企业在开发新产品之前和开发过程中要密切关注市场的动向，及时调整产品开发战略，在必要的时候继续创新改进产品功能甚至放弃产品。

资金、人力资源、组织管理风险的防控。这部分风险主要来自初创企业内部，包括资金投入的不足、关键人才的流失、组织管理的低效等。初创企业要以量力而行的姿态对待产品创新，以现实的和可期望的激励手段留住人才，以切实有效的管理避免组织的低效，以防控这方面的风险。

其他各类不可预见的风险因素，如突发事件等，初创企业要事先有所预案、积极应对，在风险发生时不致遭受重大损失。

4. 4　初创企业产品的市场策略

创新产品最终需要投放到市场，市场策略是企业战略的重要组成部分。初创企业要根据企业、市场、产品等各方面条件选择适宜有效的市场策略，尽最大努力获得产品的成功。

6. 4. 1　产品差异化与产品线策略

任何产品都有其主要的目标市场，而且市场并不局限于一处，不同的消费者的行为模式也不尽相同。因此，初创企业细分市场并采取差异化的产品策略，推出不同的产品组合就是非常必要的。

1. 细分市场

市场细分需要依据一定的细分变量，主要包括地理变量、人口变量、心理变量和行为变量四大类。其中，地理变量包括城市等级、城乡差异、气候、交通等，人口变量包括年龄、性别、收入、职业、教育、家庭等，心理变量包括社会阶层、生活方式、性格、消费习惯等，行为变量包括支付、使用、消费、消耗等。初创企业依据这些参量与创新产品的契合程度，就可以对市场作出具体的细分，并选择和进入相应的目标市场。

2. 产品差异化

初创企业对于产品的创新，必须以某种方式与同类产品区别开来，以使市场认可产品差异的存在，从而产生不同的偏好。如"有机食品"和普通食品的差异化，咖啡产地的差异化，巧克力、口香糖口味的差异化，产品在外观设计、动力性能、用途等方面的差异化，等等。产品差异化不仅是创新产品用以吸引消费者的特性，使之与市场同类产品相区分；而且是企业实现市场屏障，使竞争者不得不投入更多以征服消费者的选择偏好的策略。因此，产品差异化是初创企业的重要市场策略。

初创企业可以通过以下方式实现产品的差异化。

R&D战略。R&D战略即 research & design，研究与设计战略。为使自己的产品区别于其他产品，从而获得市场地位、建立竞争优势，初创企业要持续开展产品创新，使产品在功能、性能、质量、外观、成本等方面不断进步，满足市场需求。

服务战略。服务是产品的重要组成部分，很多企业不是依靠产品的优势而是服务的优势，建立起了市场的竞争优势。初创企业可通过充分、友好、全面的售前、售后服务，满足消费者合理的差异性需求，从而获得产品上的差异性。例如，海尔公司的差异化服务，就是其市场决胜的关键。

营销战略。消费者对产品的差异性并不足够了解，对于其质量、性能、功能等方面的选择具有相当的随机性。所以，初创企业应通过适当的营销手段，包括广告、宣传、促销、公关等活动，给消费者留下深刻的印象，影响其偏好和购买选择，形成差异性的主观印象。

3. 产品线

产品线指同类产品的组合，若干条产品线构成产品组合。由于市场差异的存在，市场获得一定的细分，产品有针对性的目标市场，也有外围的基础市场可供利用；同时，企业在生产某种产品的同时，一般也会具备生产周边、上下游产品的初步能力。因此，一类产品在规格、型号、等级等方面构成差异化的产品线，进而形成周边产品线组合，是必要的市场策略。

白酒行业在等级、规格上形成的产品线和产品组合就很具代表性。

6.4.2　产品品牌和价格策略

1. 品牌策略

品牌是企业试图在市场上被识别的名称、标记、象征或设计及其组合，是企业价值、形象的直观体现。它包括品牌名称、商标、LOGO 等外在的形象性的内容，也包括一个企业长期经营在消费者心目中的印象、价值。它的形式则包括文字、声音、图像，以及代言人等。

例如，人们听到 Intel 公司熟悉的声音，不看也知道是 Intel 芯片相关产品的广告；人们提起"国酒"，第一个想到的就是茅台品牌；人们说起某个明星，也会联想起他代言的产品。这说明品牌在市场上的作用，是很难被其他东西所替代的。而品牌引发的关于质量、性能、等级、档次等联想，更是企业无形资产的重要组成。曾经有人说，即使可口可乐全部的工厂、产品、设备等付之一炬，只要这个品牌还在，短时间内它就可以完全恢复。这样的说法或许言过其实，但其对于品牌重要作用的肯定是正确的。

对于初创企业产品创新来说，一个良好的品牌设计，有利于其迅速在市场上被消费者识别，并逐步树立起企业、产品的形象，传递其价值主张。对于不同的企业和产品，采取的品牌策略主要有以下几种。

家族品牌策略。企业的不同产品线和产品组合采用同一品牌，使各方面市场的品牌效应实现累加。比如奢侈品品牌，其手表、箱包、化妆品、饰品，一般都采用同一品牌，使特定的消费者能够迅速识别。初创企业和创新产品的产品线和产品组合还比较单薄，采取家族品牌策略需要一定时间的市场积累。

多品牌策略。企业不同产品和产品线存在竞争关系，或者同时经营两种及以上的品牌。这种策略是宝洁公司首创的。在 1946 年，宝洁公司的潮水洗涤剂在市场热销，持续数年之后，它在 1950 年又推出了快乐牌洗涤剂。这两种品牌虽然发生了竞争，各自占有的市场有所缩水，但其累加结果超过了任何一个品牌原来的或可能的市场占有率。即使到现在，宝洁公司仍然采用多品牌策略，如其洗发水包括飘柔、潘婷、海飞丝等，这几个品牌一度占据了中国洗发水市场的绝对优势地位。对于初创企业来说，这种策略更适合差异性较大的产品组合，或者同类产品的不同代理商渠道。

品牌扩展策略。这种策略是企业在发展中使用的，即以其成功推广的品牌产品作为基础，利用其声誉来推广新的产品。例如，可口可乐公司出品的芬达和雪碧，娃哈哈公司出品的纯净水，康师傅品牌拓展的饮用水、饮料等。这种方法对于初创企业直接应用难度比较大，可以作为后期发展的战略性选择。

2. 价格策略

价格是沟通需求和供应之间的桥梁。供应和需要最终是否达成，价格起到了重要作用；尤其是在竞争激烈的市场，价格的作用往往是决定性的。所以，初创企业和创新产品在定价方面必须有所设计，采取必要的策略。

首先是选择定价的目标。初创企业确定产品的价格并不是毫无来由的，而是要实现一定的目标。定价目标大体包括以下几种。

生存目标。在竞争激烈的市场上，创新产品的首要目标是生存；对于初创企业来说，能否生存就决定了创业的成败。因此，初创企业必须制定相对较低的价格，并期待市场对价格非常敏感。

当期利润目标。初创企业需要积累资金，在当期市场实现利润最大化也是一个可行的策略。采取这种策略，初创企业要分析研究市场的价格—需求弹性以及竞争、替代品市场状况，从价格—销售量曲线中选择利润最大化的组合。

市场占有率目标。在产品高度同质化的市场，产品的市场占有率就成为企业的重要目标。选取这个目标将意味着定价在市场上有可能是最低的，而其追求则是在赢得市场占有率目标之后，享有最低的成本和最高的长期利润。对于初创企业来说，这样的目标存在一定的风险。

产品质量最优化目标。在产品质量、价格参差不齐的市场，这样的策略有利于企业进一步细分市场，并将市场等级化，以较高的定价来弥补高质量产品在成本、开发方面的支出。采取高质高价策略，初创企业必须辅之以同样水平的服务。而初创企业很难在产品和服务两线形成有效的支撑，因此，选择这样的目标要慎重。

定价的目标确定之后，企业还要采用适当的定价方法，以此实现利润、成本等方面的指标控制。定价的方法主要有以下几种。

成本加成法。指按照单位成本加上一定比例的加成来定价的方法，又称为成本+利润定价法。相比市场的不确定性，成本相对来说是比较确定的，价格盯住成本可以简化定价的程序。同时，消费者比较认可这样的定价方法，他们会认为这种方法对于双方都比较公平。

目标定价法。指根据预期的产销量和总收入来确定价格的方法。这种定价方法需要企业对成本进行分解，摘出固定成本和经营成本，并根据经营成本曲线的变化来寻求最佳的总收入位置，从而确定产品的价格。

认知价值定价法。指企业根据消费者对于产品的认知价格来定价的方法。这种定价方法与现代市场定位观念是比较吻合的。但是在不规范的市场，这种定价方法可能被认为是欺诈：企业以其宣传等利用信息的不对称，对消费者对产品的价格认知作出了误导。认知价值定价法要求企业准确地计算出产品的市场认知价值，过高或过低估值都会造成损失。这就需要企业实施深入、细致、全面的市场调查。

随行就市定价法。指企业按照行业平均的价格水平来定价。初创企业缺乏市场经验和市场认知度，对于销量、成本等要素难以估量，采取这样的定价方法，可以避免激烈的竞争，也有利于核算成本等。

价格策略是目标和方法的组合。设定合理的目标，采用恰当的方法，是初创企业为创新产品定价的策略理念。

本章对初创企业产品创新的意义、流程、途径、模式、策略等方面做了简要的介绍。产品创新起源于需求，形成于创意，实现于产品，投放于市场，这个完整的流程，是任何初创企业都要经历的。管理好整个流程，对风险有全面的认知和防范意识，选择合理的市场策略，是创新产品在市场上取得成功的保障。

第7章　初创企业商业模式创新

7. 1　关注商业模式——生存与发展

创新创业项目走向市场后，它就成为一个以营利为目的的企业。此时它所面临的最关键问题，就是在激烈的市场竞争中生存和发展。彼得·德鲁克认为，"当今企业之间的竞争，不是产品之间的竞争，而是商业模式之间的竞争"。在技术交易自由的条件下，专利壁垒形成的产品优势已经很难长期保持，德鲁克的这个观点就更具有现实意义。因而，关注商业模式，创新设计可行的商业模式并以此形成市场竞争优势，关乎新创企业生存和发展。

商业模式（Business Model）的概念最早见诸学术研究是在 1957 年，此后并未受到太多的关注。直到 20 世纪 90 年代以后，具体地说，由于互联网经济创新的商业模式颠覆了既往工商业经营模式，商业模式才作为一个独立的领域得到了重视。到 21 世纪之后的十几年中，商业模式逐渐成为人们谈论的热点，也成为经济学、管理学重点研究的对象。

携程网成功的关键，在于它的商业模式非常清晰可行，逻辑性强，并且有其独特的创新。

首先是它的可行性。在新世纪到来之际，人们的出行比过去更加频繁，而市场还没有做好充分的服务准备，出行对于很多人来说，订票、住宿依然是难题——想出门可能买不到票，想住宿不了解酒店情况并可能遇到"客满"情况。而交通和住宿服务领域同样面临着难题：机票、火车票销售服务窗口少，酒店没有充足的客源。携程模式打通了供需之间信息不对称的壁垒，创新性地满足了市场需求。

其次是它的逻辑性。携程的发展过程就是不断满足需求、创造需求的过程。人们出行需求机票、火车票和酒店住宿，没有这些是绝对不行的，但是有了这些并不足够。出行尤其是旅游，还有配套的如接机、接站、餐饮、景点、娱乐等多方面的需求。携程以最关键的需求为突破口，不断拓展服务领域，最终形成了超越地域、行业、产业等多重壁垒的一站式解决方案。这就使得它成为各方面供需的枢纽，同时也就是各方面利润的结合点。

最后是它的创新性。携程的创新之处，最关键的在于把供应和需求结合到一起。最初的携程并不直接提供出行的具体服务，而是一个信息的中介。在信息高度不对称的市场，携程敏锐地发现了信息的价值，创新性地利用了信息。在发展的过程中，携程把创新性地利用信息发挥到了极致，逐步建立优势并通过拓展合作巩固、扩大优势。即使在充分竞争的市场中，人们对于信息来源仍然有强烈的偏好和依赖性，因而，携程先人一步的创新本身，就已经建立起了牢固的利润壁垒。

我们用图 7-1 来概括携程的商业模式。

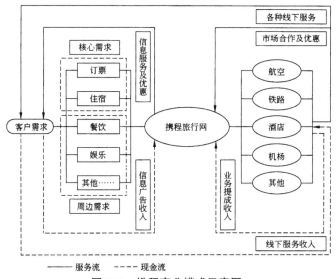

　　　　——— 服务流　　 ---- 现金流
图 7-1　携程商业模式示意图

这个商业模式能够实现的核心，在于携程作为信息服务中介，使各方面的需求得到了满足：为客户提供了价值，为合作伙伴带来了更多客户，为自己创造了多元化的收入。

携程的创新首先在于发现问题——需求与供应的信息不对称，然后在于找到了解决问题的核心——信息中介服务，最后在于创造性地提出了解决问题的方法——O2O 系统服务。尤其是在互联网尚处于发展阶段，Web2. 0、O2O 这样的概念尚未提出，用户的习惯尚未得到充分培育，全社会信息化程度偏低的 1999年，携程这些创新可以称得上远见卓识。

从携程的案例我们可以看到，商业模式本身就是携程的灵魂。它是携程为市场提供的价值，也就是携程能够生存的基础；它具备开放性、可扩展性，是成长型的模式，也就是携程能够发展的动力。关注和研究企业的商业模式，尤其是新创企业的商业模式创新与设计，实际上就是在关注创业项目的生存和发展。

7. 2　商业模式的定义和本质

研究者们引入收入来源、生产、成本、市场等诸多变量，从经济、运营、战略等方面对商业模式作出描述。应该说，到目前为止，商业模式也没有一个公认统一的定义。而在不同的人群中，如产业界，包括新兴的互联网经济领域，对于商业模式的理解也都比较混乱；对于创业者而言，那些过于学术化的定义又比较生疏。我们简要介绍一些商业模式的概念性描述。

7.2.1　商业模式的定义

商业模式早期是作为一个经济概念被阐述。如 Stewart 等人在 2000 年提出，商业模式是企业能够获得并且保持其收益流的逻辑陈述。同年 Rappa 提出，商业模式是企业为了自我维持，也就是产生利润而经营商业的方法，以此清楚说明企业如在价值链（价值系统）中如何定位，从而获取利润。Wawkins 则在 2001 年提出，商业模式是企业与其产品/服务之间的商务关系，是一种构造各种成本和收入流的方式，通过产生收入而使企业变得可生存。这些定义偏重于经济学角度。此外，商业模式的概念还在运营、战略等领域得到了更全面的定义。

在运营领域，Timmers 在 1998 年将商业模式定义为：用来表示产品、服务、与信息流的一个架构，包含各个商业参与者与其角色的描述、各个商业参与者潜在利益的描述、以及获利来源的描述。Mahadevan 在 2000 年将商业模式阐释为企业与商业伙伴及买方之间三种串流——价值流、收入流、以及物流的独特组合。

在战略层面，Linder 等人和 Petmvic 等人均认为商业模式是组织或者商业系统创造价值的逻辑。Weill 等人把商业模式定义为：对一个公司的消费者、伙伴公司与供货商之间关系与角色的描述，这种描述能辨认主要产品、信息与金钱的流向，以及参与者能获得的主要利益。

Morris 等人在考察众多商业模式定义的基础上，于 2003 年为商业模式提供了一种整合的定义：商业模式是一种简单的陈述，说明了企业如何通过对战略方向、运营结构和经济逻辑的一系列具有内部关联性的变量进行定位和整合，以便于能够在特定的市场中建立竞争优势。

以上定义都在一定程度上概括了商业模式的内涵。基于对企业和市场过程的分析，以及对商业模式定义的历史研究，Osterwalder、Pigneur 和 Tucci 在 2005 年发表的文章《厘清商业模式：这个概念的起源、现状和未来》中，提出了一个被广泛接受的定义："商业模式是一种包含了一系列要素及其关系的概念性工具，用以阐明某个特定实体的商业逻辑。它描述了公司所能为客户提供的价值以及公司的内部结构、合作伙伴网络和关系资本等用以实现（创造、营销和交付）这一价值并产生可持续、可营利性收入的要素。"

商业模式定义的不确定性显示，在经济活动不断丰富的过程中，赢得市场的方式、侧重点在发生变化。市场上的创新，特别是新创企业在商业模式上的创新，也为学界的研究提供了更加丰富的对象。这就给新创企业和创业者提供了一个思路：突破思维定式、创新设计商业模式，是赢得市场的途径之一。

7.2.2　商业模式的本质

从前面各种定义中，我们不难看出，商业模式的根本是一个企业对于价值的创造、传播和交换。创造价值体现了一个企业基于市场需求的生产结构，传播价值是企业面向市场组织的运营，交换价值则是企业通过满足市场需求所获得的回报。

哈佛商学院克利斯坦森教授（Clayton M. Christensen）认为，商业模式就是一个企业的基本经营方法。它包含四部分：用户价值定义、利润公式、产业定位、核心资源和流程。综合其他方面的论述，一般把商业模式分解为若干元素。

——价值主张（Value Proposition）。即公司通过其产品和服务，所能向消费者（用户）提供的价值。价值主张确认公司对消费者的实用意义。

——消费者目标群体（Target Customer Segments）。即公司所瞄准的消费者群体。这些群体具有某些共性，从而使公司能够（针对这些共性）创造价值。定义消费者群体的过程，也被称为市场划分或市场细分（Market Segmentation）。

——分销渠道（Distribution Channels）。即公司用来接触消费者的各种途径。这里阐述了公司如何开拓市场。它涉及公司的市场和分销策略。

——客户关系（Customer Relationships）。即公司同其消费者群体之间所建立的联系。

通常所说的客户关系管理（Customer Relationship Management）即与此相关。

——价值配置（Value Configurations）。即资源和活动的配置。

——核心能力（Core Capabilities）。即公司执行其商业模式所需的能力和资格。

——合作伙伴网络（Partner Network）。即公司同其他公司之间为有效地提供价值并实现其商业化，而形成合作关系网络。这也描述了公司的商业联盟（Business Alliances）范围。

——成本结构（Cost Structure）。即所使用的工具和方法的货币描述。

——收入模型（Revenue Model）。即公司通过各种收入流（Revenue Flow）来创造财富的途径。

——资本增值（Increase the capital value）。伴随用户规模、品牌价值、市场份额方面的成长，项目本身估值也不断增加，被潜在觊觎者收购也将成为一种创造财富的路径。

这些元素并不是孤立的，而是一个企业，特别是创新创业项目需要具备的、集成化的各方面条件。在一个具体的创新创业项目中，这些元素的权重也是不同的。比如快消类创业项目更重视分销渠道，技术型创业项目更重视核心能力，工业类创业项目更重视成本结构，等等。这些元素中，有的是关于资源的，有的是关于市场的，或者是关于产业的、行业的、技术的、竞争的、成本的、盈利的。

对于每一个创业项目，这些元素都有其存在的具体形态。这就说明，商业模式不仅包括了这些元素的具体形态，也包括了它们的构建方式。

Weill 等人在 2001 年提出了"原子商业模式"的概念。概念指出，每个商业模式都具有四个特征，即"原子"：策略目标、营收来源、关键成功因素、必须具备的核心竞争力。可行的商业模式数目是有限的，企业对于"原子"的不同组合方式就构成了不同的商业模式。企业可以试着挑选与组合"原子商业模式"，并评估其可行性以建构最适当的经营模式。同时，技术的不断发展和外部环境的不断变化，导致企业必须对自身的"原子商业模式"进行不断地更新与重组。我们可以从这个角度理解商业模式的本质：企业用以配置资源、建立合作、市场运营、实现盈利的集成化解决方案。

7.3　商业模式和企业战略的关系

企业战略就是企业在适应和主动利用环境变化的过程中，为建立和发挥优势而作出的一系列重大、长期和根本性的决策和行动。它包括了一个企业在价值定位、发展规划、目标市场、客户关系、市场营销、技术创新、人力资源、资源配置与开发、资本运营等各方面的设想。在越来越激烈的市场竞争环境下，企业间的竞争已经不是围绕着利润，而是围绕着竞争优势的建立、保持和发挥而展开的。迈克尔·波特提出了三种基本的行业竞争战略：成本领先战略、标新立异战略和目标集聚战略。这不仅为商业模式的设计提供了思路，而且指出了商业模式在企业战略中的重要地位。

7.3.1　互联网时代企业战略视角的转移

互联网媒体的出现使传统媒体受到了严重的冲击，更从根本上改变了媒体的商业模式。Google 就是一个显著的例子。Google 以搜索为核心的各种服务，在用随着互联网时代的深入发展，特别是以云计算、大数据、移动互联网和物联网为代表的新一代信息技术，正在深刻改变整个企业 IT 的结构，同时也在改变业务的模式，包括管理模式和商业模式。与传统企业重视技术、产品、市场、利润这些元素不同，互联网时代的企业，更重视商业模式的实现。

从 Google 的印钞机模式，我们可以看到，互联网时代使企业的战略视角发生了明确的转移，因而催生了更便捷、更有效、更具开放性的盈利模式。如图 7-2所示。

这个转移的影响是深刻的。互联网的真正威力不在于技术本身，而在于它对人们生活方式的巨大改变，这些改变不仅深刻影响了市场，也影响了公司的"性格"。所谓公司的"性格"，所指也就是公司怎样参与市场竞争、如何赢得市场竞争，其根本也就是商业模式。对于新创企业来说，在商业模式上的创新，比在技术、产品等方面的创新更为重要；商业模式的创新，也比技术、产品等的创新显得更直接、更容易被识别。

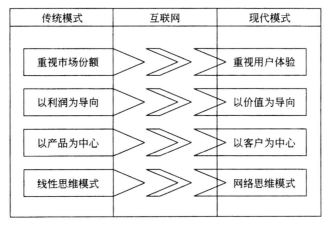

图 7-2 互联网时代战略视角的转移

7.3.2 商业模式在企业战略中的地位

企业战略的转变，就会改变一个企业对各种元素的理解，从而使商业模式——集成元素形成的解决方案——发生重大的转变。不仅如此，它也更加突出了商业模式在企业战略中的地位。尤其是对于一个创新创业项目来说，它的意义就更为重大。迈克尔·波特和詹姆斯·贺普曼通过研究发现，在智能互联网时代，公司需要面对 10 项全新的战略选择——对于智能互联产品，公司应开发哪一类功能和特色？

——产品应搭载多少功能？多少功能应该搭载在云端？

——公司应采用开放还是封闭系统？

——对于智能互联产品的功能和基础设施，公司应进行内部开发还是外包给供应商和合作伙伴？

——公司应对哪些数据进行捕捉、保护和分析，从而实现客户价值最大化？

——公司应如何管理产品数据的所有权和接入权？

——对于分销渠道或服务网络，公司是否应该采取部分或全面的"去中介化"战略？

——公司是否应改变商业模式？

——公司是否应该开展新业务，将数据出售给第三方？

——公司是否应扩大业务范围？

每项战略选择都涉及取舍，公司必须根据自己的特殊环境进行选择。不仅如此，这些选择相互依存，它们必须能相互促进加强，从而形成公司独特的整体战略定位。在这些战略选择当中，我们清楚地看到商业模式的重要地位。

在传统的制造业中，企业的经营流程是调查需求、细分市场、设计产品（服务）、订购原料、安排库存、生产产品（提供服务）、市场营销、分销渠道、终端零售，最终实现利润。它的流程可以抽象地如图 7-3 所示。

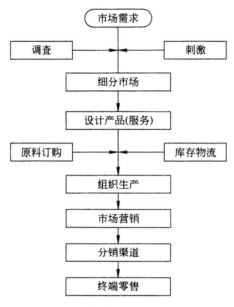

图 7-3　传统制造业战略流程

在这样一个流程里，我们并不能看到商业模式的创新及其地位的重要性，商业模式无非是需求—生产—销售—利润这样的模糊理解。此时，创新主要体现在这个流程的各个元素之中，而不是作为企业战略的一部分。这种模式之所以长期存在，与信息的不对称性有着很大关系：企业是它认为用户需要什么就会生产什么，用户是市场提供什么就购买什么。互联网时代最大的改变就是信息的透明度大大提高，企业可以更好地理解用户的需求，而用户可以在购买产品或服务之前得到更充分的了解。

信息透明度的提高不仅体现在供需两端，更体现在产业、行业、技术等各个方面。在假定产业处于均衡发展的状态、行业处于充分竞争的状态、技术处于普遍应用的状态的条件下，商业模式的创新就成为企业决胜市场的关键。初创企业要以互联网时代的思维去看待市场，决定战略，创新设计商业模式。

7.4　商业模式因果关系链条的分解

在很长一段时间里，中国的企业尤其是制造业崇尚技工贸"一条龙"式的发展，试图从技术、生产、市场的各个环节降低成本，建立竞争优势。而实践证明，这样的发展模式造就了大量的技术创新能力差、生产条件落后、市场水平低下的企业，也使得中国以产业升级为核心的供给侧改革之路困难重重。专研中国经济的美国经济学家巴里·诺顿认为："中国经济很长时间以来一直具有独特的结构性特点。中国对总产出的投入比例大于任何一个大型经济体，中国总产出中制造业所占比例也大于任何一个大型经济体。中国对全球金融危机的回应意味着，这些独特的结构性特点并未发生变化，因此中国其实更大地偏离了全球规范。"创新创业项目要摆脱这样的窠臼，就要创建新的商业模式。尤其是在互联网时代，创新创业项目要发挥互联网的工具作用，更要建立起互联网思维，重新构建商业模式因果关系的链条。

7.4.1　商业模式中的因果关系

互联网彻底改变了全球分工体系和客户需求响应，从而改变了企业、行业的边界条件。如果不能顺应新的商业环境变化，积极改善自身在新的全球分工体系下的独特作用，企业将很可能被自己赖以成功的"大而全"的企业规模所伤害。要获得生存和发展的机会，企业必须突出自身在全球分工体系下的独特功能、定位和龙头作用，重构商业模式，强调"精""专""绝"（即契合商业模式的关键资源能力）。

精、专、绝，体现的就是围绕商业模式中关键资源构成的因果关系。创新地、合理地把这些关键资源，构建成为符合逻辑的商业模式，是企业在市场上获得竞争优势的关键。对于初创企业来说，它有更好的机会，在没有任何包袱的基础上实现创新。事实上，每一个完整的需求—供应产业链条，都具备了技、工、贸的全部元素；作为一个企业，尤其是创新创业项目，并不需要全部亲自完成整个链条。商业模式不是产业链条，而是一个企业如何去盈利的逻辑。这个逻辑包含了价值主张、关键业务、核心资源、重要伙伴、客户关系、渠道通路、客户细分、成本结构、收入来源等诸多元素。亚历山大·奥斯特瓦德等把这些方面的元素以可视化的形式表述出来，并将其命名为"商业模式画布"。如图 7-4 所示。

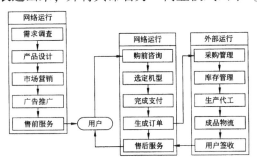

图 7-4　商业模式画布

7.4.2　因果关系链条的分解

依据商业模式画布所示的各个因素，创业者就能够比较清晰地厘清因果关系。其中的每个因素，又形成各自的链条。

（1）客户细分：用来描述一个企业想要接触和服务的不同人群或组织。

我们正在为谁创造价值？

谁是我们最重要的客户？

（2）价值主张：用来描绘为特定客户细分创造价值的系列产品和服务。

我们该向客户传递什么样的价值？

我们正在帮助我们的客户解决哪一类难题？我们正在满足哪些客户需求？

我们正在提供给客户细分群体哪些系列的产品和服务？

（3）渠道通道：用来描绘公司是如何沟通接触其客户细分而传递其价值主张。通过哪些渠道可以接触我们的客户细分群体？

我们如何接触他们？

我们的渠道如何整合？

哪些渠道最有效？

哪些渠道成本效益最好？

如何把我们的渠道与客户的例行程序进行整合？

（4）客户关系：用来描绘公司与特定客户细分群体建立的关系类型。

我们每个客户细分群体希望我们与建立和保持何种关系？

哪些关系我们已经建立了？这些关系成本如何？

如何把它们与商业模式的其余部分进行整合？

（5）收入来源：用来描绘公司从每个客户群体中获取的现金收入（需要从创收中扣除成本）。

什么样的价值能让客户愿意付费？

他们现在付费买什么？

他们是如何支付费用的？

他们更愿意如何支付费用？

每个收入来源占总收入的比例是多少？

（6）核心资源：用来描绘让商业模式有效运转所必需的最重要的因素。

我们的价值主张需要什么样的核心资源？

我们的渠道通路需要什么样的核心资源？

我们的客户关系呢？收入来源呢？

（7）关键业务：用来描绘为了确保其商业模式可行，企业必须做的最重要的事情。我们的价值主张需要哪些关键业务？

我们的渠道通道需要哪些关键业务？

我们的客户关系呢？收入来源呢？

（8）重要合作：让商业模式有效运作所需的供应商与合作伙伴的网络。

谁是我们的重要伙伴？

谁是我们的重要供应商？

我们正在从伙伴那里获取哪些核心资源？

合作伙伴都执行哪些关键业务？

（9）成本结构：运营一个商业模式所引发的所有成本。

什么是我们商业模式中最重要的固有成本？

哪些核心资源花费最多？

哪些关键业务花费最多？

创业者分解这些链条，逐个回答这些问题，就可以更好地理解它们的因果关系，从而构建出可行的商业模式。每一个企业具备不同的因素，这些因素构成不同的因果关系，而它们的每一个链条，都可能形成初创企业商业模式创新中的着力点。

戴尔公司商业模式画布如图 7-5 所示。

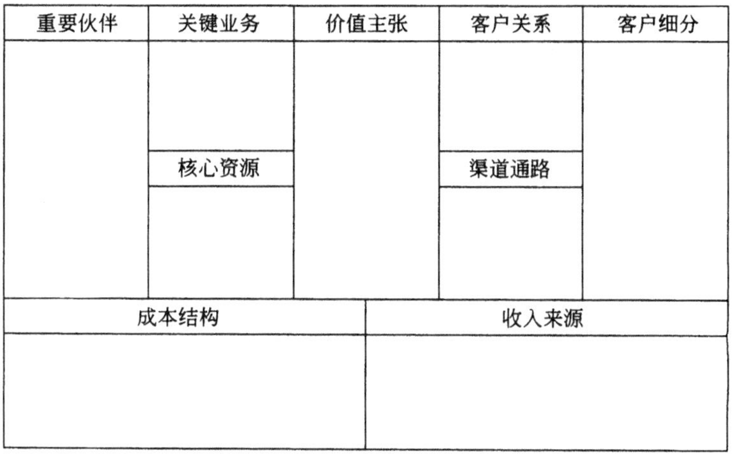

重要伙伴	关键业务	价值主张	客户关系	客户细分
	核心资源		渠道通路	
成本结构			收入来源	

图 7-5　戴尔公司商业模式画布

从这个画布中，我们就能比较清晰、直观地了解到商业模式因果链条的具体特征。比如，戴尔的渠道通路是网络直销，那么它在实现渠道销售的过程中，就需要与物流产生密切的关系，控制好物流的质量就成为管理的重要内容，压缩物流的成本就成为成本战略的重点。再比如，戴尔的核心资源之一是客户，那么它的关键业务成长就需要通过客户的规模增长来实现，这就需要在客户关系层面做好服务，为已经购买者提供售后服务、为潜在购买者提供售前服务就会成为重要的成本支出，只有这样才能实现收入来源的稳步增长，等等。

对于创新创业者来说，分解商业模式的因果链条，可以比较迅速、直观地把握各个链条之间的关系，对于设计、创新、实现商业模式都有很大的帮助。

7. 5　商业模式的类型

亚历山大·奥斯特瓦德提出了五种商业模式的式样，分别是：非绑定式商业模式、长尾式商业模式、多边平台式商业模式、免费式商业模式、开放式商业模式。我们分别对这几种商业模式的式样类型作简要的介绍。

7. 5. 1　非绑定式商业模式

非绑定式商业模式认为，存在三种不同的基本业务类型：客户关系型业务、产品创新型业务和基础设施型业务。这三种业务都包含着不同的驱动因素——经济、竞争和文化。在一个企业中，客户关系、产品创新、基础设施都存在，但是企业必须将其有效分离，以避免冲突或不利。

客户关系型业务职责是寻找和获取客户并与其建立关系；产品创新型业务的职责是开发新的和有吸引力的产品和服务；基础设施型业务的职责是构建和管理平台，以支持大量重复性的工作。哈格尔和辛格认为，企业应该分离这三种业务，并在内部聚焦到其中之一，即"非绑定"化。例如，电信企业的设备制造商、电信运营商和内容供应商的分拆，就是非绑定式的运用。

初创企业在设计非绑定式商业模式时，要注意突出经济、竞争、文化中的优势，把业务集中到其中一点。例如，以客户为核心资源的初创企业，在设施建设方面就要多利用合作伙伴的现有成果；在产品创新方面要多利用第三方成型产品，引进或加以改造；最后，聚集各方面资源，把重点放在客户关系上，包括客户的发掘、服务/产品的设计、客户的支持和维护等。

7. 5. 2　长尾式商业模式

长尾（The Long Tail）理论是网络时代兴起的一种新理论，用来描述亚马孙和 Netflix 等网站的商业模式，由克里斯·安德森在 2004 年提出。长尾理论认为，传统企业注重"80/20 定律"，把主要精力放在重点客户和重点市场上面，即一个正态分布曲线的头部；而在网络时代，由于关注成本大大降低，人们能以很低的成本关注正态分布曲线的尾部，其产生的效益甚至有可能超过头部。安德森认为，网络时代是关注"长尾"、发挥"长尾"效益的时代。作用在商业模式上，只要存储和流通的渠道足够大（即拥有"长尾"），企业就可以对那些需求不旺、销量不佳的产品进行改造，其共同占据的市场份额，就有可能超过那些热销产品。

长尾市场也被称为"利基市场"（Niche Market），有冷门、见缝插针的意思。菲利普·科特勒在《营销管理》一书中将其定义为：利基是更窄地确定某些群体，这是一个小市场并且它的需求没有被服务好，或者说"有获取利益的基础"。

这就为初创企业，尤其是中小型初创企业，提供了一个很好的切入点。在设计商业模式的时候，可以通过对市场的细分，集中力量于某个特定的目标市场，或严格针对一个细分市场，或重点经营一个产品和服务，创造出市场优势。

7.5.3　多边平台式商业模式

多边平台即多边市场，是一个重要的商业现象。所谓多边平台，即将两个或更多具有明显区别但又相互依赖的客户群体集合在一起的平台。例如，谷歌的广告业务和搜索服务就是一个典型的多边平台。它搜索服务中的用户为广告业务提供了受众，而广告业务又更好地为用户提供了信息服务。

多边平台商业模式设计的关键，是平台必须能同时吸引和服务所有的目标客户群体并能为其带来价值。以谷歌为例，广告依赖于受众（搜索用户），而搜索用户依赖于信息。对于两方面的客户来说，他们互相产生并传递了价值。

但是，对于初创企业来说，多边平台也往往面临着一个"先有鸡还是先有蛋"的问题：两边的客户互相依赖，而当前一边客户都没有。此时，初创企业要把精力集中在其中一方上，通过免费为某一群体提供服务而吸引他们。那么，主要的问题就变成：选择哪个群体，以什么样的服务和价格来吸引他们。这是初创企业采用多边平台式商业模式时需要认真思考的。

7.5.4　免费式商业模式

严格地说，免费本身并不是一个商业模式，而是一种手段，渗透到其他模式当中。免费的核心是交叉补贴：对企业的核心、利润最高的产品进行收费，一些附加产品、延伸产品进行让利，赠送给客户；或者将核心产品完全释放，全部免费，转而对附加产品进行收费。这两种方式在不同的企业当中都有所体现。例如：网易、搜狐、新浪在其发展的初期，都采用了"免费邮箱"的方式来吸引客户；同时，它们又推出不同的增值服务，如 VIP 邮箱、个人主页、博客等，其中有的是收费的；随着企业的发展，它们开始创建客户为中心的多边平台，提供各种增值服务和广告服务。

7.5.5　开放式商业模式

开放式创新模式是指企业可以同时利用内部和外部有价值的知识来加快内部创新，并且利用外部的创新来拓展市场。这个概念最早被亨利·切萨布鲁夫等人提出。

开放式创新模式假定公司能够并且应该同时利用外部创意和内部创意，其商业化途径可以在公司内部进行，也可以在公司外部进行。开放式创新过程把内部创意和外部创意整合到同一个系统和组织构架中，利用商业模式来定义这些系统和组织构架的要求。开放式创新模式意味着，有价值的创意可以从公司的外部和内部同时获得，其商业化路径可以从公司内部进行，也可以从公司外部进行。这种创新模式认为外部创意和外部市场化渠道的作用，与早期创新模式中内部创意及市场化渠道同样重要。

对于初创企业来说，开放式商业模式需要有比较好的外部资源和合作伙伴，如产研一体化等。

7.6　设计商业模式的思路和方法

魏炜等人提出了"六要素"模型来解释商业模式的构成：业务系统、定位、盈利模式、关键资源能力、现金流结构和企业价值。其核心是业务系统，强调整个交易结构的构型、角色和关系。如图 7-6 所示。

重要伙伴	关键业务	价值主张	客户关系	客户细分
配件供应商 组装代工厂 仓储服务商 物流服务商	电脑网络销售	以客户为中心	网络 品牌 服务	电脑购买者
	核心资源		渠道通路	
	客户 模式		网络直销	
成本结构			收入来源	
服务 管理			电脑销售	

图 7-6　商业模式构成的"六要素"模型

设计商业模式的思路和方法，要从商业模式的构成展开。以业务系统为核心的网状结构的前端是价值的定位，后端则是企业价值的实现。设计商业模式，也就是从定位开始，设计业务系统，最终实现企业的价值。

7.6.1　创新设计商业模式的思路

奥斯特瓦德认为，商业模式创新的创意可以来自任何地方，画布中的 9 个构造块都可以是创新的起点。由此，他提出了资源驱动、产品/服务驱动、客户驱动、财务驱动和多中心驱动等创新商业模式设计的方式。通过对商业模式因果关系链条的分解，创业者就能够从中找到思路，并把思路细化，处理好各元素、内容之间的关系，形成一个可行的整体解决方案。在商业模式因果关系链条中，每一个元素的权重是不同的。其中，价值主张处于中心的地位，并以此统率、整合各方面的元素；重要伙伴和客户的利益关系需要平衡；盈利模式要清晰、简洁、可行等。参考和依据各方面研究成果，我们提出，在设计商业模式时，要遵循以下几个思路。

1. 客户价值最大化

创新创业者提炼、确定的项目价值主张，要以客户的价值为中心。这体现的是需求对于项目的引领意义。因此，设计商业模式时，首要的思路就是实现客户价值的最大化。商业模式画布中的其他元素，都要把实现客户价值作为核心，为实现客户价值最大化服务。这样，设计商业模式就转变为如何实现客户价值最大化的问题。

2. 平衡利益关系

利益相关者除客户之外，就是项目的重要合作伙伴。合作伙伴是项目产业链中的上下游组织。一个企业不可能独占整个产业的利润，因此需要平衡上下游关系，合理分配利润。商业模式的设计要尽可能体现利益的平衡，形成通畅的产业合作关系。这样，商业模式的运行才能通畅合理。

3. 价值整合

一个企业提出的价值主张，可能与客户的、合作伙伴的，以及市场其他主体、包括竞争对手的价值主张有重合的地方，也有冲突的地方。在设计商业模式的时候，要考虑到各方的价值主张，将其整合到一起，以其实现其他市场主体对项目的支撑。

4. 高效管理

商业模式不仅要平衡项目外部的关系，更要理顺项目内部的流程。因此，在设计商业模式的时候，要注重管理的效率。商业模式所涉及的企业内部运行流程要以效率为导向，尽可能实现扁平化，形成有效的激励机制；涉及的外部运行流程，则要突出管理、控制的有效性。

5. 系统思维

商业模式是一个整体的解决方案，它是一个项目各方面元素形成的系统。因此，设计商业模式的思路要体现系统性，把握好系统整体的目标和各部分元素之间的关系，以及输入—输出、控制—反馈、框架—灵活的控制力。

6. 盈利模式要清晰

盈利模式是一个项目实现利润、形成屏障的战略，项目的成败取决于盈利模式能否实现。盈利模式要清晰、简洁，尤其是要考察它的可行性。设计商业模式时，要把盈利模式突显出来，把它的逻辑表述清晰。它是系统输出最重要的成果。

7. 突出核心竞争力

核心竞争力是项目在市场中取得怎样地位的关键，它由商业模式画布各项元素中的一项或几项构成。在设计商业模式的时候，要把各元素中的优势内容有机结合起来，形成并突出项目的核心竞争力。

8. 实现形式

商业模式最终需要在市场上实现。它的实现形式，也就是项目进入市场后的运营形式。在设计商业模式的时候，要把可实现性作为贯穿始终的思路。商业模式的任何一环无法在市场上运行，都会影响到整个项目的成败。

9. 创新性

既然市场的竞争已经在相当程度上转变为商业模式的竞争，那么商业模式的创新也就是市场决胜的题中应有之义。在设计商业模式时，创业者要以创新的思维，努力实现差异性。众多的市场主体对于商业模式的创新进行了无数次的尝试，商业模式在设计上的创新是非常困难的。初创企业对商业模式的创新，主要体现在对其创造性地运用上。

7.6.2　设计商业模式的方法

商业模式设计关注的是企业的价值实现，是企业的商业逻辑表达方式和产品/服务盈利方式。Allan AfUah 在 2003 年提出，商业模式是企业在给定的行业中，为了创造卓越的客户价值而将自己推到获取价值的位置上，运用其资源执行什么样的活动、如何执行这些活动以及什么时候执行这些活动的集合。不同的企业，面对不同的环境，拥有不同的资源，主张不同的核心价值，相同的商业模式也会产生截然不同的结果。初创企业要依据自身的情况，深刻理解商业模式的各个构成因素及其因果关系；在方法上，要根据企业自身的特点，选择、设计最契合的商业模式。

在具体的商业模式设计中，创业者要参照他人成功的商业模式，找出项目的关键因素，在产业、行业中实现准确的定位，并为市场、客户提供新的价值。小徐洗衣店的商业模式设计，就体现了这些方法。参考一些学者的成果，我们介绍几种商业模式的设计方法，主要包括参照法、相关分析法、关键因素法、价值创新法。

1. 参照法

这是初创企业设计商业模式的有效方法。参照法以国内外成功的商业模式作为参照，根据项目的实际作出目标、战略、技术、产品等各方面的调整和改进，以期找到适合本项目的商业模式。按照调整、改进的方式不同，还可以细分为全盘复制法、借鉴提升法、逆向思维法。

——全盘复制法。全盘复制法就是对经营发展良好的企业的商业模式进行复制，并根据自身企业情况略作修正。在互联网经济发展的初期，这种方法被广泛采用。例如，很多网站都对早期的门户网站"免费"盈利模式进行了模仿。

——借鉴提升法。有些企业尽管经营状况并不乐观，但其商业模式方面有着非常好的亮点。初创企业结合自身的特点，对其进行借鉴并有所提升，使之更加契合自身及市场，也是一个很好的方法。

——逆向思维法。任何企业都有一个作为重点目标的细分市场。逆向思维法就是研究和学习成熟企业的商业模式，对其商业模式进行反向学习，避开其重点目标市场，转而开发并切割其忽略的市场。当市场上有强势的竞争者存在时，这是初创企业一个很好的选择。

2. 关键因素法

在商业模式画布中，每一个不同的项目都有一个或几个关键因素。识别并突出项目的关键因素，以此为中心构建其他因素与关键因素的关系，使之不断迫近项目的目标，也就形成了项目的商业模式。关键因素法有几个步骤：

——确定企业要通过商业模式设计达成的价值目标；

——识别商业模式中的关键因素；

——确定关键因素，并对其进行深入的分析；

——明确关键因素的各类指标；

——制订商业模式设计的计划。

3. 相关分析法

一个项目在产业中处于怎样的位置，在行业中面临怎样的环境，这是相对固定的条件。从这些固定的条件出发，结合项目的差异性，提出创新的思路，是设计商业模式的可行方法。

4. 价值创新法

每一个成功的互联网企业，都在一定程度上改变了人们的生活，实现了更高的价值。如携程网改变了人们的出行方式，腾讯网改变了人们的交流方式。创新价值，也就是试图去对人们的生活方式加以影响，并在此基础上构建商业模式。这是互联网时代非常重要的商业模式设计方法。

本章阐述了商业模式的重要性，它的定义和本质，以及其与企业战略的关系，提出了商业模式创新设计的类型、思路和方法。初创企业要突出自身的优势，整合各方面的资源，通畅企业内外部流程，才能形成更好地满足客户需求的解决方案。从这个意义上说，商业模式的创新，也就是建立并突出比较优势的过程。它的系统性成果，就是初创企业在市场中的核心竞争力。

第8章 初创企业团队建设创新

8.1 创业团队及其对创业的重要性

一个人的力量是单薄的，创业过程中团队协作好过个人单打独斗。创业活动环节多、联系紧密，需要靠多面手去解决问题，很难保证每个创业者都是多面手，因此就需要不同方面的专业性人才，遇到问题集思广益、共同面对。如果创业团队只有一个"光杆司令"，遇到问题只能到处求人，找亲朋好友出力，不知不觉就浪费了很多精力、时间和金钱，解决问题的时效性也差了许多。创业公司各项制度不健全，业务开展也处于探索阶段，没有成型的商业模式，没有稳定的现金流。如果说创业公司成功的原因有很多种，那么创业公司失败的原因只有一种，即发现了问题不能在有限的时间内处理好。这会产生一系列连锁反应，旧问题还堆积在那里，新问题又突然出现，创业者每日不是花时间在发现需求、寻找客户、探索适用于公司的盈利模式，而是在解决层出不穷的问题。初创企业往往经不起各种问题的堆积，如果不能尽快把遇到的问题解决掉，企业很可能会面临关门大吉。举个例子，如果要开一家奶茶店，前期需要做很多的准备工作，比如，市场调研（关于店铺地址的选择、关于客户口味的偏好、当地人们的消费习惯、关于产品品种多样化的选择等）、选择什么样的创业形式（自主品牌还是加盟连锁）、如果选择加盟的创业形式，选择哪个品牌？资金来源（自有资金还是借款）、人员招募（岗位人数、招聘渠道）等一系列的事情……这些事情如果只有一个人去完成，当然，也能把所有事情按部就班地做好，但却忽视了创业的时效性，创业之初最需要把握的也恰恰是创业的时效性——市场进入时机。一个人的力量是有限的，获取信息和处理信息的渠道较为单一，在有限的时间内解决创业过程中遇到的各项问题可能会觉得力不从心，如果有了自己的创业团队，通过开发每个团队成员的特长和资源，则可以达到 n 个 1 相加大于 n 的效果，有助于在有限时间内尽快找到解决问题的办法！

创业团队，指的是在创业过程中，由一群目标相同、资源共享、责任共担、能力互补，并且有意愿为了达成共同目的的工作群体。只要你不打算一直当个体户，最好在创业初期就建立自己的团队，不仅可以培养起团队成员间的默契，同时也可以尽早将团队成员的智力进行整合，发现团队整体的优势与不足。首先，要发展为一个成熟的企业需要规范化的管理。这就要.求有明确的团队责任制、具体分工、信息传递渠道、清晰的组织架构以及共同的发展理念，这些事情是一名创业者完不成的。其次，创业团队的形成有助于初创企业充分发挥整体性的优势。毋庸置疑，每个人都有性格上或者能力上的弱项，在创业初期有限的时间内很难弥补自己的短板，吸引与自身优势互补的人才加入团队，使团队的整体性优势得到充分发挥，节约了很多通过自我提升达到同样水平的时间。最后，创业团队成员之间可以抱团取暖。创业的过程往往是孤独的，创业初期不被周围人理解是家常便饭，创业团队成员由于在从事同样的工作，有共同的目标，比起创业团队外的人更能快速产生共鸣，更懂彼此当下的感受，因此可以分担彼此的心理压力，互相学习、互相监督、互相鼓励、共同进步。此外，创业团队还有助于吸引个人投资者和风险投资人的目光。投资考虑的主要因素是回报率的高低，团队创业能够以最快的速度过渡到企业建立的阶段，而个人创业者往往很难摆脱个人资源有限这一因素的束缚，因此很难把企业做大。投资人们认为投资就是投人，选择团队比选择项目更重要。

8.2　创业团队的组成原则

创业团队的人员构成决定了创业企业的初始状态，也影响着后续企业的发展方向，创始人的确定需要慎重地把握一些原则。与创业团队不同，成熟企业中每个部门的人员都经过专业性、规范性的培训，所有事情的处理都有一套内部的流程，一个部门处理完了才能转到下一个部门，非紧急情况不能越级处理，反馈速度较慢。新创企业没有教条的规章制度，由于初期人数较少，沟通非常便捷，往往两三个人一经商量立马能够拿出解决办法。但也正是由于没有规范的制度，解决问题没有固定的流程，也没有重点，创业者可能会先处理自己认为重要的事情，忽视了创业问题的时效性。所以，在降低对创业团队规范性、专业度要求的同时，需要提高创业团队的判断力、应变力和同时处理多项任务的能力，只有这样创业团队才能够稳定地发展起来。

创业团队的组成应该遵循四大原则。

专业方面：优势互补。互补型团队在所有创业团队的类型中是优势最为明显的，团队成员的兴趣爱好相同或是默契度高都很难解决创业中遇到多方面的问题，通过性格、资源、优势的互补能够有效地解决团队中大多数人没有遇到过的问题。同时，优势互补还能够让 CEO 更好地进行管理岗位的划分，较快确定出创业团队每个人的分工，减少团队成员与岗位磨合的时间。

心态方面：激情澎湃。创业要有充分的激情和热情，创业团队里不能出现负能量的人，一旦有一个人总在团队中散播负面性很强的言论，不仅会影响公司的形象，还会影响团队的士气。合格的创业者应该求知欲非常旺盛，通过团队相互鼓励或者自我激励使自己始终处于一个良好的精神状态，面对大大小小、频频出现的各种麻烦，要以一个积极地心态去处理，时刻保持好激情澎湃的精神面貌。

利益方面：团队优先。团队利益是优于一切的，当个人利益与集体利益发生冲突时，要适当地做出取舍，通常是把集体利益放在第一位。个人利益是建立在集体利益之上的，集体利益是实现个人利益的基础。

效率方面：高效便捷。由于互联网技术的快速发展，越来越多的团队可以通过远程的方式进行组建，为了提高工作效率，团队成员不需要经常性地进行面对面交流，通过虚拟团队的管理模式，跨地区甚至跨国团队都可以实现沟通无障碍。

8.3　创业团队的优劣势分析

创业团队具有以下几方面特点：人数相对较少、才能以互补为主、信息传递较为通畅、没有完善的管理体制。而成熟企业有着较为规范的组织架构，由于企业类型的不同还会有不同数量的管理层级，岗位分工较明确。初创企业除了团队成员相互之间有一定感情基础之外，其他方面都较为薄弱，有时候会因为不能保证每个人都对项目的发展方向统一思路而导致团队关系破裂。

尽管企业发展是要以利润创造为目标的，但创业团队一定不能是因利而聚，否则就变成了不折不扣的团伙行为。创业团队还应该具备一些创业情怀，树立长远目标而非只看重眼下的利益，永远坚信团队目标高于一切，即使项目发展不顺利，结局没有那么尽如人意，团队成员也应该是曾经彼此最信赖的人。有共同的价值目标不一定能够大获成功，但只有共同的利益目标却一定会以失败告终。创业团队的发展过程本身就是资源整合的过程，本身就是由不完善的架构慢慢变完善的过程，它不同于一般的组织，发展壮大及演变的过程规律性不强，容易受到外界因素变化的影响。一般团队与创业团队的区别如表 8-1 所示。

表 8-1　一般团队与创业团队的区别

比较项目	一般团队	创业团队
组建目的	为了解决某个问题而临时组建的团体	有共同开创事业的目标和长期共同的价值追求
职位层次	有明确的管理、执行分工、定位，职位层级较分散	属于高级管理人员，地位相同，职位层级集中
权益分享	差异较大，并非人人持股	基本拥有企业股份
领导方式	受高层的管理为主	划分管理模块，共同管理
目标眼界	努力实现短期目标，不需要考虑团队的长远发展	追求长远利益，必须综合考虑每个团队成员的方向性

比较项目	一般团队	创业团队
默契程度	需要经过训练才能够达到一定程度的默契	心照不宣，团队是从彼此的内心认同开始建立的
组织归属感	只在协同工作时有责任感	任何时候都对团队有归属感

由表 8-1 可以看出，一般团队与创业团队是有区别的，往往一般团队的组成是出现在现有的组织架构中为了解决某一问题或完成某一任务临时组建的群体。和一般团队不同的是，创业团队的出发点是合伙人有共同的价值目标，并且愿意为了达成这一目标开创一番新的事业。成熟企业团队与创业团队的区别如表 8-2 所示。

表 8-2　成熟企业团队与创业团队的区别

比较项目	成熟企业团队	创业团队
团队规模	规模较大，人员较多	规模较小，人员较少
管理特点	管理交叉性强，层级复杂，但由于组织架构清晰，职责明确，管理较容易	管理层级少，但由于某些方面过于强调平等性而导致没有人做决定，管理较混乱
信息传递	信息处理、传递都需要走正规的渠道和流程，效率较低	信息传递速度快，沟通方便，效率较高
应变能力	制度化明显，对于紧急事件的处理灵活性较差，但因为有经验的积累，能够让事情得到合理解决	制度规范性不强，应变能力好，能够根据当前的情况快速反应，做出对当下最有利的决策。但由于缺乏经验，可能处理效果一般

从表 8-2 中可以看出，成熟企业团队与创业团队相比具有一些方面的优势，成熟企业团队由于在发展过程中已经形成了适用于自身发展特点的组织形式，内部团队形成速度较快，通常是围绕项目产生的，项目结束后团队自动解散。创业团队是新企业的创始人，在企业建立阶段活跃度较高，团队的形成需要成员之间相互磨合，组建容易管理难是创业团队的典型特征，团队成员的个性在团队发展中起决定作用。创业团队在创业初期的特定阶段有独特的反应优势，正是这种对外界反应的灵敏度让新企业建立的过程变得生动、活泼、有挑战性，也正是这种非正式的企业组织形式让很多创新成为可能。创业团队的发展过程也是不断向成熟团队过渡和转变的过程。

成熟企业每个部门都相当于一个独立的团队，由于存在绩效考核，每个团队都设定了自己的目标，制订了适用于自己完成绩效考核指标的计划，任务分解细致具体。成熟企业需要组建新团队是由于企业出现了需要独立运作的新任务，可以从企业内部入手，通过企业的人力资源部门整理员工档案，对员工进行筛选，选出合适的人选，不仅给员工创造了多面发展的机会，同时也帮企业解决了现实问题，发现了人才。对创业企业来说，完成项目目标就是完成团队任务目标，由于创业团队成员通常是身兼数职的，很难用绩效来考核每个成员的贡献程度，组建团队要考虑当前团队成员的分工，尽量不让多个任务由同一个成员主导，还要保证创业团队人员的灵活性，留下一定的增量空间，在合适的情况下吸纳新的创业者进入团队。

8.4 组建创业团队的策略及其后续影响

"道不同不相为谋""物以类聚，人以群分"，创业团队的组建最开始靠的是机遇，可能是参加一次沙龙认识的朋友，可能是突然联系上的远房亲戚，也有可能是在旅途中相遇的两个年龄相仿的人。交流是拉近人与人之间距离的一种方式，好的想法、好的观点往往是在沟通中产生的。一个人是不能成就一家企业的，如果你希望成立一家公司，就要多去和周围的朋友交流，一方面获取一些第三方的意见；另一方面也有可能会遇到志趣相投的人共担风雨，相伴创业之路。

创业团队之所以能够发展成为成熟的企业，必定是在组建的时候就经过深思熟虑的。管理学中反复提到人是最难管理的，因为只有人是有思想的，在创业的过程中，不稳定性因素很多，组建团队不仅要能够保证各种硬件、软件的稳定性，还要能够管理好创业初期的人员，包括创始人团队目标的一致性、人员的情绪、心态以及团队成员的关系等。组建团队关键要考虑的问题：①互补性。这个是组建团队第一位的，创业团队最怕遇到短板，某个方面太过于生疏用最好的一面都无法弥补。能力的互补、资源的互补、性格的互补会在工作中发挥很大作用，降低了工作难度的同时又提高了工作效率，用最短的时间找到解决问题的最佳办法；②专业性。初期团队一定尽量吸纳专业度高的人才，如果刚开始就把技术性的工作进行外包，可能会因为团队中没有人懂这个方面的知识而走很多弯路；③目标性。创业团队人数少，资源集中，这时候如果大家的方向就比较分散，就可能会造成不必要的资源浪费。因此，创业团队组建的时候要了解团队成员当下的需求及长远的目标，尽量在创业项目的定位以及发展方向上统一意见，避免造成内部消耗。此外，组建创业团队要尽量提高效率，以免耽误接下来的工作。创业团队也不是一成不变的，项目开展的过程中会有新的成员陆续加入，是个动态的过程，要注意保持开放性才能够让创业团队变得更加完美。

科技的发展带来互联网应用广泛化的新常态，传统组建创业团队一般会考虑自己身边的人，总觉得创业团队成员之间的距离会对创业项目的发展带来不利影响。互联网和移动互联网工具的普遍应用为创业者带来了福音，哪怕距离再遥远，在同一个项目团队开展创业活动也成为一种可能。

马云的阿里巴巴架起了供应商和零售商之间的桥梁，淘宝网架起了零售商和消费者之间的桥梁，小微企业创业不再是几个人合伙做生意，更多的是在互联网的平台上运用电子商务的手段销售自己的产品、想法或服务。义乌的小商品市场名声赫赫，在没有互联网经济的时代，他们只能在一个点经营自己的商铺，等待来自全国各地的零售商前来谈判、进货，互联网为这些生产商提供了更多的机会，他们可以通过在线发布自己的产品让全国各地甚至全球各地的人通过浏览网页了解产品的属性，在线沟通后可以安排样品寄送，零售商可以几乎不用任何成本完成对多家产品的比较，生产商也可以积极寻找客户，由被动变主动，在全国范围内招代理，为自己的产品，获取更大的市场份额。供货商和零售商可以不用见面就完成一笔交易且几乎不用承担风险，日益健全的物流体系也使上门收货、送货上门服务成为日常生活中的一部分。"淘宝"也成为"购物"的代名词就像现在人们习惯用"百度"替代"搜索"一词。

8.5　创业团队的管理技巧和策略

创业团队管理的典型特征就是组织较松散，制度不完善，还有可能面对团队成员的变动，各种不稳定性因素交织在一起让创业团队的管理问题没有看上去那么简单。创业管理的核心是什么？第一是人，第二是人，第三还是人！创业团队的组成往往是亲戚或是很好的朋友，开始创业后，慢慢会发现有些人不适合或者创业目标不同，也可能某些人有了另外的打算，就不得不面对团队成员的变更，创业团队最怕的就是人员走了之后没有及时补上空位，其他创业团队成员不得不分担原有的工作，而且责任不明确，致使矛盾和冲突的产生。

创造一个团队共同的愿景。没有人愿意像无头苍蝇一样到处乱撞，尽管创业团队的发展前景很难预期，但最起码要确定一个目标，树立团队成员的信心，大家向着目标的方向努力。比如，马云在建立阿里巴巴的时候也没有想到今天的盛大局面，当时的初衷只是建立一个供应商及其商品集中展示给进货商的门户网站。马云靠着这个理想经常洗脑式地给团队成员梳理发展思路，不仅让技术团队很好地理解了他的理念，也同时让第一批用户认同了他的做法。团队成员的信心在一次又一次得到客户认可的基础上逐步提升，他们的凝聚力也越来越强。

营造一个轻松的氛围。创业团队不能像机制完善的传统企业团队那样沟通层级多、流程性事务杂、必须按严格的规定办事而不能灵活调整办事流程。死板的创业环境难以调动创业团队的积极性和主动性，轻松的氛围比较容易激发团队的创新意识，让团队成员的创造力得到充分的发挥，更加有助于产品或服务找到市场的空白，提高创业的成功率。

　　设置一个相对合理的股权结构。利益分配不均是导致创业团队散伙的重要原因之一，很多创业团队在刚开始的时候都是创始人平起平坐，没有高低之分，做决策的时候也是大家讨论商量决定，这样就很难让所有团队成员满意。如果在开始之初，对股权的划分进行合理规划，有一个人作为主要投资者，但股份不能超过50%，这样一来，不仅能够以股权大小确定谁说了算，又不会造成"一言堂"的局面。

　　建立一个评估与激励机制。大企业有时候会出现干多干少待遇差别不大的情况，创业企业一定要按劳分配，确保多劳多得。这里的得不仅仅指薪酬和补贴，还能让这些人得到更多的发展机会。评估可以是团队成员相互之间进行也可以是由管理团队进行考核，还能够通过一定的数据统计得出，比如销售额、客户满意度等。试试激励要根据团队成员的贡献度和他们的个人目标来制定，激励要选好恰当的条件和时宜，否则会对其他团队成员产生负面激励的作用，造成团队不和谐因素的产生。

　　另外，团队建设要充分考虑地缘性问题，如果团队成员不在同一个城市，或者不在同一个国家，要实现新创企业团队的管理，只能通过共享平台，让团队成员克服时差问题、工作分工问题以及组织协调问题。这种团队管理方式不同于传统的管理方式，组织形式更加灵活，效率优势更加明显，成本也可以下降很多。在共享经济的形态下，管理虚拟团队的首要任务是确定团队目标，再根据目标进行任务的划分，每个人的角色，团队的领导，沟通方式以及决策流程。

　　同时，还要研究其他因素，比如技术手段，工作平台稳定性，人员相互信任度对团队整体绩效的影响。例如，优步，滴滴打车，微店，airbnb 都是共享经济的产物，由于此类平台可以实现人人参与，即人人都可成为供应商，人人都可成为消费者，团队管理的重要性就得到了充分的体现，无规矩不成方圆，参与者首先要能够熟悉参与机制，还要能够配合平台管理者做一些运维，推广类的工作，只有通过这种方式，才能够让团队的整体性得到发挥，避免出现因为个人目标的差异性造成团队的不稳定以及项目发展方向随意更改。

8.6　领导创业者的角色与行为策略

　　上面一节介绍了创业团队的管理策略，这一节要介绍一下创业团队的核心人物，创业团队的领导者，他在创业过程中被赋予的决策和可以采用的行为策略。

　　哈佛商学院的院长诺里亚在他的著作《他们的时代——21 世纪最伟大的商业领袖》(*In Their Times-The Greatest Business Leaders of the Twentieth Century*) 中区分了创业者、管理者和领导者的概念。他认为：创业者是改变行业规则、创造全新事物的人；管理者是把企业从小做大，实现规模性增长的人；领导者是在企业遇到危机时将企业带向新生的人。对于创业团队的领导者来说，这三种能力应该是结合在一起的，在企业创立及发展的各个阶段，领导创业者需要综合运用这些能力。

创业的峥嵘岁月里，领导者要在企业发展的不同阶段、工作的里里外外担任不同的角色。哪些角色在创业领导者身上是值得推崇的？

角色一：同甘共苦的"莫逆之交"。创业最困难的时期莫过于项目亟待发展但资金却跟不上的阶段，领导创业者要能够与团队成员并肩作战，在逆境中寻求生机，挺过了难关，才能够共同迎接胜利的曙光。

角色二："垃圾桶式"的倾听者。每个创业者都有自己的故事，来到这个群体里尽管有各自的小目标，但还有一个共同的大目标。或许创业之路上不是每一次付出都有收获，也可能投入了大量的时间、精力却"竹篮打水一场空"甚至欠下一屁股债务。抱怨是创业过程中不可避免而又最怕产生的情绪，负能量只会导致团队积极性的下降，最终降低整个企业的生产力。创业领导者要充当好"垃圾桶"、心理辅导者、知心大哥/大姐的角色，给团队成员可以倾诉的时间和空间，给他们提供可以畅所欲言和发泄的场合。

角色三："家长式"的管理者。创业团队要有"家文化"，在这个家庭中，创业领导者充当了大家长的角色，不仅要了解每个团队成员的需求并且要能够创造出一种文化，让每个团队成员有归属感，对整个创业团队表里如一。

角色四："车夫式"的鞭策者。每个人都有惰性，创业团队也不例外。创业团队需要不断地激励和鞭策，才有前进的动力，作为一个领导者，一定是在方方面面身先士卒的，自己创新带动团队创新，自己实干带动团队实干。好的领导者能够让团队的创新精神、凝聚力成为一种由领导者以身作则的楷模作用带来的惯性而推动的一种自发式的抱团和思想汇聚。

领导创业者的行为策略主要有以下几种：其一，通过个人魅力吸引创业团队成员；其二，用自身的专业知识水平制定目标；其三，用创业的激情感染团队；其四，用理性的创业思维引领团队；其五，以敬业的标准要求团队；其六，将不断追求创新、卓越的理念融合到团队文化中。

8.7　创业团队的社会责任

社会责任起源于英国的两次工业革命，生产力的快速发展带来了经济的飞跃，但同时煤炭的广泛应用导致了英国历史上最为严重的大气污染时期，环境的破坏让整个城市淹没在一片雾霾中。从那时起，人们开始关注企业的社会责任，政府通过一些政策对企业的行为进行限制，经过长期坚持不懈的治理，环境终于得到了改善。

中国的社会责任意识从 20 世纪年代中期到 21 世纪初开始逐步建立，这是一个逐渐完善的动态的过程，《中华人民共和国公司》法第五条规定："公司从事经营活动，必须遵守法政法规，遵守社会公德、商业道德，诚实守信，接受政府和社会公众的监督，承担社会责任。"并且，可持续发展性企业以及传播公益的企业都被评选上企业社会责任优秀案例。

无论大企业还是小企业都应当承担一定的社会责任，创业团队也不例外。如果企业创立仅仅追求利润目标而忽视其社会影响，就会出现由于过度追求利益目标而造成环境破坏、不良社会风气形成等不利于社会发展的现象。同时，企业的社会责任还包括对其他利益相关者的责任，对股东、员工、供应商、消费者和外部环境等。

企业对利益相关者要承担不同的责任，如下：

企业要对每个股东负责，股东有权利分享企业的经营成果；

企业要对员工负责，为员工创造一个良好的工作环境，给员工制定一个好的激励机制、提供一个好的事业发展平台；

企业要对上下游的供应商及经销商负责，保证付款和发货的时间，保障不同层级经销商的利益；

企业要对消费者负责，给消费者提供优质的产品或服务，坚决杜绝不合格产品流入市场，影响消费者的身心健康；

企业要对社会环境负责，不能因为盲目追求利润第一的目标而大量砍伐树木、排放有害气体、污染水质、产生噪声、对附近居民产生有害辐射。要努力成为一家可持续发展型企业。

第9章 创业项目（企业）价值评估与融资创新

9.1 创业项目价值评估

9.1.1 创业项目价值评估的重要性

价值评估（估值，Valuation）是对一个投资项目或一家公司在特定阶段价值的判断。了解创业项目的估值有利于创业者站在客观的角度进行项目筛选和决策，有助于对项目进行长期的战略规划。创业者在进行项目融资时，估值是其与投资人沟通谈判的基础，是决定融资规模、融资成本及创业公司股权结构等重要事项的基本依据。

9.1.2 创业项目的估值方法

传统的估值方法主要分为两类，绝对估值法和相对估值法，就大多数创业项目来说，这些估值方法同样适用。对于新兴的互联网创业项目，人们还经常使用 P/GMV 等方法进行估值。

1. 绝对估值法

这一方法假设创业项目的价值来源于未来的现金流，将未来一笔笔的现金流分别按照不同的比率折回到当前，再进行加总即得出公司或项目的价值。其中，最典型的方法为现金流贴现法，即将公司未来特定期间内的预期现金流量用适当的折现率还原为当前现值。计算公式为：

$$V = \sum_{t=1}^{n} \frac{CF_t}{(1+r)^t}$$

式中：V——公司（项目）的估值；

n——公司（项目）的寿命；

CF_t——公司（项目）在 t 时刻产生的现金流；

r——预期现金流的折现率。

从上述公式可以看出，该方法涉及两个基本的变量：现金流和折现率。使用该方法，首先要对现金流做出合理的预测。在评估中要综合考虑影响公司经营的各种因素，以对未来现金流做出合理预测。其次是选择合适的折现率，这主要是靠评估人员对项目未来风险的判断。由于初创公司的现金流有很大的不确定性，因此其折现率比成熟公司要高得多。寻求种子资金的初创公司，折现率大多定在

50%～100%。对早期的创业公司，折现率通常设为 40%～60%。对晚期创业公司，折现率通常定在 30%～50%。对比起来，有多年经营记录的公司，折现率通常定为 10%～25%。现金流贴现方法比较适用于运作成熟、偏后期的非上市公司或上市公司，对于创业项目适用度不高。

2. 相对估值法

这一方法又称为可比公司法，即利用类似公司的市场价值来对目标公司（项目）估值。这种方法是假设存在一个支配公司价值的主要变量，而公司的价值与该变量的比值对各公司而言是类似的、可比较的。因此，可以在市场上选择一个或几个跟被评估项目类似的公司，在分析比较的基础上，确定被评估项目的市场价值。实践中，最常用的相对价值法有市盈率法和市销率法两种。

市盈率（P/E）法

P/E 法是比较常见的一种相对估值方法，使用该方法共有两个步骤：首先是挑选与创业项目同一行业中可比或可参照的上市公司，以这些公司的股价与财务数据为依据，计算出市盈率；其次用此市盈率作为市场价格乘数来估算创业项目的价值。

市盈率 P/E＝每股价格/每股收益＝公司价值/公司净利润

创业项目价值＝市盈率×创业项目未来 1 年的净利润

市盈率估值方法涉及两个变量：市盈率和项目未来 1 年的净利润。项目未来 1 年的利润可通过财务预测进行估算，市盈率可参考目前已上市的同行业公司，用同行业公司的平均市盈率作为评估基准。由于创业项目为初创企业，失败几率较高，而且股权不易变现，因此在估值时一般要在同行业上市公司平均市盈率的基础上打一定的折扣。

市销率（P/S）法

对于有收入但是没有利润的公司，用 P/E 进行估值意义不大。比如，有很多初创公司成立多年也未能实现利润，那么可以考虑用 P/S（公司价值/主营业务收入）法来进行估值，大致步骤跟 P/E 法一样。

市销率 P/S＝公司价值/主营业务收入

创业项目价值＝市销率×创业项目未来 1 年的销售收入

3. P/GMV 法

对于新兴的互联网创业项目，由于与传统企业在商业模式上具有重大差异，目前学术界并未有"教科书"式的标准估值方法。一些风险投资人以及金融机构根据互联网企业的特点，运用相对估值法的原理提出了一些针对互联网企业的估值方法，P/GMV 法就是其中较为流行的一个。这里，P 代表公司的价值，GMV（Gross Merchandise Volume）代表公司的实际交易流水，GMV＝1 销售额+2 取消订单金额+3 拒收订单金额+4 退货订单金额。由于 GMV 代表交易流水，只要用户下了订单，生成订单号，就可以经计算进入 GMV。

9. 1. 3 创业项目估值的特殊性

创业项目由于在商业模式或技术方面具有较大创新，投资风险大，股权不易变现，在项目估值方面相比成熟企业或上市公司具有一定的特殊性。这些特殊性主要体现在以下几个方面。

（1）无固定的估值模型

早期创业项目，尤其是还没有成形的、没有现金流的公司，很难利用一个简单的公式去给项目或公司进行准确的估值。在项目运营的早期阶段，估值更多的是一门艺术，数字本身可能并无对错之分，进行估值的方法也是多种多样的。即使是对于同一个项目，使用不同的估值方法，得出的估值结果也经常是大相径庭。

计算过程：曼联俱乐部当时的市场价值估值 31 亿美元，折合人民币 198. 4 亿元人民币，而曼联俱乐部当时 Twitter 粉丝大概 639 万，从而计算出曼联每百万粉丝 31 亿元人民币，每个粉丝价值约为 3000 元。而恒大淘宝拥有 800 万球迷（新浪微博粉丝数量），这意味着公司价值约为 240 亿元。考虑到恒大淘宝和国外豪门俱乐部在销售收入上的差距，估值打 6 折，恒大淘宝可以估值 160 亿元。

当然，这样不"严谨"的估值方法也带来了众多媒体和投资市场的质疑。但总的来说，对于创业项目并无普遍认可的、固定的估值模型。

（2）特殊因素影响估值

相比成熟的企业，投资者对创业项目在估值时会重点考虑一些特殊因素。

第一，创始人和团队。投资者可能更加关注创始人和创业团队，一家成功的创业项目更有赖于创始人的能力与性格。其他的诸如创始人的工作经历、创始团队的构成结构等都是影响估值的特殊因素。

第二，商业模式与成长潜力。创业公司最具决定性的因素就是成长，高成长性是由许多因素决定的，有的是因为创新的商业模式，有的是因为面对巨大的市场，有的是因为拥有先进的技术等。对投资者来说，成长潜力是其关注的关键因素。

第三，行业的发展趋势。每个行业都有自身独特的估值逻辑和方法，相比一家普通的食品公司，一家创新的生物公司或者互联网公司的估值会定要高得多。创业项目从属哪一行业，这一行业的发展趋势如何，决定了项目未来的市场前景、空间和成功的概率，也从一定程度上决定着投资者对创业项目的整体评价。

（3）投资环境及投资风口影响估值

投资环境：对于创业项目来说，投资环境对项目的整体市场估值影响很大。投资环境在广义上可以理解为一个国家乃至全球的政治经济环境，狭义上可以指行业发展环境和资金环境等。影响投资环境的因素众多，具体包括：政治法律环境、自然环境、社会文化环境以及经济环境。例如，2015 年上半年，中国股票市场大幅上涨使得资本市场的整体估值出现了大幅提升，市场上资金众多使得投资环境非常景气，与此同时创业类的项目和公司也获得了较高的市场估值。而进入 2016 年之后，中国经济增速变缓，投资增速下降，企业的投资意愿较低，市场整体的估值水平就受到很大影响。

投资风口：投资风口即投资的"热点"或者"焦点"，例如，2015 年的"互联网+"，2016 年的政府与民营企业合作投资的"PPP"模式等（如表 9-1 所示）。投资风口对于创业项目的估值影响较大，身处"投资风口"将获得高于市场平均水平的估值，但创业者对投资风口要辩证看待。一方面，不能一味地迎合投资风口，而忽略了自身竞争力的提高；另一方面，在创业项目规划以及发展过程中，应有意识地对未来可能的风口提前进行预判和布局，以等待投资风口的到来。

表 9-1　近年来投资风口举例

2009 年	4 万亿投资计划，传统的房地产、水泥等行业迎来投资风口
2011 年	十七届六中全会通过《中共中央关于深化文化体制改革、推动社会主义文化大发展大繁荣若干重大问题的决定》，文化传媒行业成为投资风口
2012 年	智能手机开始高速普及，手机行业成为投资风口
2014 年	互联网金融，P2P 成为投资风口
2015 年	互联网+，O2O，B2B 等商业模式成为投资风口
2016 年	PPP，基因测序等成为投资风口

（4）创业项目估值的常见问题——估值分歧及其解决策略

项目估值涉及方方面面，是一个复杂而主观的过程。尤其对于创业公司，这是一个"科学"与"艺术"的平衡。各人站在不同立场，观察与分析的视角不同、对项目的理解不同，价值评估的结果也经常会出现很大差别。

一般而言，创业者的信心较足，往往对项目前景更为乐观，而对创业可能遇到的问题与困难估计不足。同时，为了拿到更多的投资资金，或更少稀释股权，会倾向于高估项目的价值。相形之下，投资方的项目运作经验更为丰富，立场更为客观理性，同时出于风险控制及成本考虑，对创业项目的估值趋于保守。

如何解决估值不一致的问题呢？通常，创业者应成为主动的一方，加强与投资者沟通，让投资者更好地了解项目及团队，降低信息不对称程度，进而增加对项目及创业者的信心。在估值分歧很大，不能很快达成一致的情况下，可以对创业项目设定不同的阶段性目标，根据不同阶段目标的完成情况给予相应的估值和投资额度。这种分段投资策略，一方面解决了项目的短期融资问题，使项目运营不受影响，又在一定程度上控制了投资人的投资风险，因而多为创业融资所使用。

9.2　创业所需资金测算

9.2.1　测算创业资金需求的必要性

资金是创业项目发展的血液，无论是项目的最初设立、日常运营以及发展壮大都需要大量的资金作为保障。因此，资金需求是创业者需要思考的重要问题。就创业项目而言，资金需求主要包括启动资金需求和日常经营的流动资金需求。

9.2.2　启动资金需求测算

创业项目开办时要有必要的投资和支付各种必要的费用，包括支付场地（土地和建筑）、办公家具、机器、设备、原材料、商品库存、营业执照、开业前广告及促销费、水电费等，这些费用汇总起来就构成了启动资金。

9.2.3　流动资金的需求测算

（1）传统盈利类项目：销售比例法

企业设立后，其正常运转需要一定的流动资金，用来购买原材料，支付人工工资以及销售费用、管理费用等，这些资金称为流动资金。若流动资金周转不灵，会导致项目夭折。因此，创业者必须对流动资金的需求进行测算，预防资金链断裂。

对于传统类企业或项目，资金需求量的测算一般使用销售比例法。它以销售额为分母，将受销售变动影响敏感的项目与之比较，得出一个百分比，并以此为基础预测销售额变化带来的资金需求变化。在实际应用中，企业往往根据历史资料、经验或者是同业数据，从中选出敏感项目，并计算这些项目占销售额的百分比，然后以此为基础编制预计的财务报表，再推算出实际的资金需求量。以下举例说明销售比例法。

2016 年该项目实际资金需求量预测如下所述。

第一步：根据该项目 2015 的数据资料，确定于销售额成比例变化的敏感项目，并计算出这些项目占销售额的百分比（如表 9-2 所示）。

第二步：根据预计销售额增加量，计算敏感项目变化引起的资金需求量的变化，具体测算如下：

预计销售额增加量 = 100×50% = 50（万元）

敏感资产变动引起的资金需求 = 50×70% = 35（万元）——资金占用增加量敏感负债和权益变动引起的资金需求 = 50×30% = 15（万元）——资金来源增量

表9-2　项目2015年资产、权益占销售额比重表

资产	金额（万元）	占销售比例（%）	负债+权益	金额（万元）	占销售比例（%）
现金	5	5	短期借款	10	不变
应收账款	25	25	应付账款	20	20
存货	40	40	应付费用	10	10
固定资产	80	不变	实收资本	90	不变
			留存收益	20	不变
合计	150	70		150	30

第三步：计算项目实际资金总需求量

项目实际资金需求量＝资金占用增量—资金来源增量＝35-15＝20（万元）

第四步：根据收益留存比例，扣除内部收益留存，确定外部资金需求

内部收益留存＝预期销售收入×销售净利润率×收益留存比率＝4.5（万元）

所以，因销售量增加，项目实际内部可实现资金4.5万元，因此

外部的资金需求量＝20-4.5＝15.5（万元）

通过上述计算，该项目2016年若想按计划实现销售50%的增长，则需要增加的流动资金量大约为15.5万元。

（2）不产生现金流的项目：费用法

伴随着新兴的商业模式不断涌现，很多创业项目并不像传统类的项目在运行之后即可获得营业收入，一些以赚取客户流量为目的的创业项目在项目运行初期甚至很长一段时间，主要靠"烧钱"的模式来吸引客户关注。在积累了大量的流量客户并形成一定的黏性之后，再推出付费项目以求盈利。典型的成功案例如腾讯公司，创业早期以构建并不盈利的聊天平台"QQ"为主，在积累的大量用户并形成强烈的黏性之后，再推出付费项目。

目前，很多"互联网+"的创业项目也是按照"烧钱"的商业模式进行运转，如"滴滴打车"，"真人直播平台"等，该类创业项目由于短期并不盈利，而是靠大量的资金投入支撑项目运转，因此不能使用传统的销售比例法对资金需求量进行测算，而是主要通过预测项目运营费用来大致估算资金需求。

9.3　创业融资渠道

与一般企业相比，创业公司在融资时往往处于劣势，难以借助成熟的资本市场进行融资，可供选择的融资渠道较少。大学生在创业初期，多数情况可能只是

拥有一个好的创意，没有成熟产品，由于存在较大的技术风险和不确定性，筹措资金的通道即融资渠道的选择更窄。以下，我们介绍大学生创业可以选择的主要融资渠道。

9.3.1 政策性融资

政策性融资主要包括财政贴息和创新基金两种渠道。财政贴息是指大学生创业时，政府帮其按照相关政策从银行取得贷款，并且给予利息补贴。政策性基金是政府为鼓励创业、支持技术创新和专业化发展，用于新企业运作而建立的基金，是大学生创业最应争取的融资方式之一。以杭州为例，在 2014 年举办的浙江省第九届"挑战杯"大学生创业计划竞赛决赛获奖的团队，如在杭成功落地转化，将获得 5 万~15 万元不等的创业基金扶持。而在杭州市相关部门宣布此事后，宁波、绍兴、温州等地也采取了同样的政策。

政策性资金的优点体现为免费，不利之处是基金申请有严格程序要求。政府每年的投入有限，创业者需面对其他融资者的竞争。拟取得该类融资支持的创业大学生需要认真了解和学习政府的有关产业政策和扶持政策，严格按照规定程序提交申请资料，做好资金申请的准备工作。

9.3.2 亲情融资

亲情融资即向家庭成员或亲朋好友的筹款，大学生筹集创业启动资金最常见、最简单而且最有效的途径就是向亲友借钱。亲情融资的优点是筹措资金速度快，一般不需要承担利息，融资成本低。但是这种融资方式所能筹到的资金有限，不能满足较大数额的资金需求。此外，向亲友借钱创业，会给亲友带来资金风险，如果创业失败造成资金损失，还会影响双方感情。

还有一种亲情融资的方式是有偿借款。如果有关系较好的亲朋好友在银行存有定期存款或国债，可以尝试和他们协商借款，按照存款利率支付利息，并作适当上浮，这样就能非常快捷地筹集到创业资金，亲朋好友也可以得到比银行略高的利息，可谓两全其美。

9.3.3 合伙融资

合伙融资是指按照"共同投资、共同经营、共担风险、共享利润"的原则，直接吸收单位或者个人投资合伙创业的一种融资方法。

合伙融资的优点体现在，合伙人凑在一起有利于创业投资，不但可以有效筹到资金，还可以充分发挥人才的作用，有利于对各种资源的利用和整合，尽快形成生产能力，有利于降低创业风险。但是合伙融资也有明显的缺陷。俗话说：生意好做，伙计难当。老板多了就很容易产生意见分歧，影响办事效率，也有可能因为权利与义务的不对等而产生合伙人之间的矛盾。

9.3.4　风险投资

风险投资（Venture Capital）是一种融资和投资相结合的投资方式，是指创业者通过出售自己的一部分股权给风险投资者获得资金，用于发展业务、开拓市场，当企业发展到一定规模时，风险投资者出售自己拥有的企业股权获取收益。许多创业者利用风险投资使企业度过幼小阶段，国内许多大型互联网公司，像网易、百度、阿里巴巴都获得过风险投资。

风险投资的优点除了资金量较大，可以有效解决创业资金缺口，还可以借助其完善公司财务与内部管理，在市场与品牌方面也可以借力风险投资的智囊团。缺点在于不易取得。能否争取到风险投资的青睐取决于项目的发展前景、个人的信用以及管理团队等多个因素。风险投资商除了关心创业者的技术，也同样关注创业者本人的素质和创业项目的盈利模式。此外，获得风险投资要经过较多的沟通谈判，周期一般也较长。

9.3.5　天使投资

天使投资（Angel Capital），是自由投资者或非正式风险投资机构对处于构思状态的原创项目或小型初创企业所进行的前期投资。天使投资虽是风险投资的一种，但两者具有较大差别。天使投资是一般指非组织化的创业投资形式，其资金来源大多是民间资本，而非专业的风险投资商。随着我国政府对民间投资的鼓励与引导，民间资本正获得越来越大的发展空间，民间投资不再局限于传统的制造业和服务业领域，而是向基础设施、科教文卫、金融保险等领域"全面开花"。这对正为"找钱"发愁的创业者来说，无疑是个"利好消息"。

天使投资操作程序较为简单，融资速度快，门槛相对较低，无论是一个创业构思还是已经开展创业项目，只要有发展的潜力，就可能获得资金支持。而对风险投资来说，这些刚起步或者还未见雏形的项目一般无法引起他们的兴趣。但天使投资的成本很高，创业项目融入很少的天使资本，就可能会失去较多的股权。如果天使投资人在投资过程中想获得公司控制权或主导权，还容易与创业者之间产生矛盾纠葛。

9.3.6　银行贷款

银行贷款被誉为创业融资的"蓄水池"，它可进一步细分为担保贷款、抵押贷款、信用贷款、创业贷款等。但很显然，初出茅庐的大学生既没有可靠的担保人或担保机构，也没有贵重的抵押物，更不存在优质的商业信用，因此对于大学生创业者来说，可以考虑的多为创业贷款。创业贷款是近年来银行推出的一项新业务，凡是被认定为具有一定生产经营能力的个人，因创业需要均可申请。部分金融机构推出了面向高校毕业生的创业贷款业务，以高校毕业生为借款主体，以其家庭或直系亲属家庭成员的稳定收入或有效资产作为担保，在利率上还给予一定的优惠。

创业贷款的优点是利率较低，而且有的地区有一定的补贴，一旦申请成功，创业者即可享受较为优厚的条件。缺点是申请门槛很高，对申请者的要求很严苛。想要获得创业贷款，必须有一个严密可行的创业计划。

合理利用住房贷款也能为创业提供融资。住房贷款是商业贷款中利率较低的品种，通过办理住房贷款获得创业资金，成本会大大降低。如果家人支持，创业者可以用家中现房做抵押来办理普通商业贷款，这种贷款不限用途，可以将其规划为创业启动资金。

9.3.7　网络借贷融资

网络借贷融资是伴随互联网技术的发展以及民间中小型贷款兴起而发展起来的新型融资方式。网络借贷主要基于互联网金融技术，在借贷过程中通过互联网进行合同、手续、资金的交接，一切认证、记账、清算和交割等流程均通过网络完成，借贷双方足不出户即可实现借贷交易。

网络借贷的优点是具有一定的快捷性与便捷性，无抵押，多数为信用借贷。缺点是融资额度一般都不高，且期限较短，可用于短期周转，不能长期使用。

9.4　创业融资的选择策略

9.4.1　影响融资策略的因素

融资能力低、融资范围窄是创业项目融资的基本特征，也是长期以来造成创业项目融资不足的重要原因。影响创业融资有多种因素，大学生在规划创业融资时要综合分析各种因素，以确定一个合理策略。以下为影响创业融资的几个主要因素。

1. 企业的生命周期

企业的生命周期通常分为四个阶段，即种子期、起步期、成长期和成熟期。种子期的产品尚处于创意或开发研究阶段，并无正式的产品，无正式的销售渠道，无销售收入，其主要任务是确定技术上和商业上的可能性。起步期的企业已经有了新产品的样品，但还需要在与市场结合的过程中加以完善，为批量生产和应用做准备。成长期的企业经受了起步期的考验之后，在生产、销售、服务等方面已具备良好的基础，新产品设计和工艺已经定型，并初步具备大批量生产的能力。但收入尚不稳定，完善的销售渠道和网络还没有建立，企业品牌和形象也需要持续巩固，各种生产经营活动需要投入大量的资金。成熟期的企业技术开发成功、市场需求迅速扩大、生产批量化实现，企业开始大量盈利。

企业在不同的发展阶段，所需的资金数量及选择的融资方式与策略是不同的。大学生创业项目绝大多数处于种子期，少量处于起步期。所需的资金数量少，融资通常以投资人入股即股权融资为主，少有银行贷款等债务性融资。

2. 创业项目的行业特征

创业项目归属不同的行业，对融资渠道和条件的要求也不相同。制造业项目往往资金需求量较大，资金周转相对较慢，经营活动和资金使用涉及面宽，因此融资难度也要大一些，这类项目通常以银行贷款为主要融资渠道。服务业项目的特点是投入的资金规模较小、经营活动和资金使用面相对较窄，是中小型商业银行愿意贷款的对象。而科技型创业公司有形资产少，无形资产比例高，商业银行大多不愿意向高科技创业项目提供信贷资金，融资前期多以创业者和科研人员的个人投资为主，之后融资逐步由私人投资转向"风险投资基金"，银行不愿意大规模介入。社区服务型创业项目比较特殊，其定位于为社区服务，具有一定的社会公益性，因此比较容易获得政府的扶持性资金。

3. 企业规模与资金需求量

大企业比小企业对资金的需求量更大，而它们也更愿意建立信誉机制，对外披露规范化信息，因而更易从银行贷款或从资金本市场获得资金，融资成本也低。而小企业则不同，资金需求量小，由于其经营不稳定，破产的概率较大，因此不容易从银行贷款或从资本市场融资。通常，融资的成本也更高。

根据以往数据统计，大学生创业所需资金额并不是很多，80%左右的创业企业资金需求在50万元以下，其中资金需求在20万元以下的企业占到60%，35%的创业企业面临的融资资金缺口小于10万元，大学生创业项目普遍呈现资金需求额度小的特点。

4. 项目商业模式与成长性

一般来说，如果创业项目能够较快获得稳定的现金收入，那么更易获得银行贷款。因为银行关注项目能否正常还本付息，其对现金流更为重视。而短期现金流不足，但因具有较独特的商业模式，或者拥有高水平的技术资源，成长性好的项目，更易于获得风险投资等股权性投资。因为风险投资等股权投资者，更关注项目未来的价值，成长性越好，项目未来的价值越大，其投资收益也就越高。

9. 4. 2　最佳融资方式的选择

融资方式的选择是一个动态的、不断变化的过程。创业大学生在进行融资之前，应搞清楚自身的融资条件及融资能力，分析创业项目有哪些融资渠道可以使用，以减少融资决策中的盲目性，提高融资效率。

创业者在融资时，首先要根据项目发展计划测算资金需求，确定一个最低的融资资金数量，确保该资金能够及时到位。在此基础上，考虑资金获得的成本，在融资规模满足需要或大体相当的情况下，融资成本越低越好。融资成本是指为获得资金所要付出的代价。如果是债务性融资，融资成本主要指债务的利息。如果是股权性融资，则出让的股份数量或股份比例就是融资成本。

当然，融资作为一种商业行为，是融资者与出资者讨论协商的结果。以下以创业项目引进风险投资为例，介绍融资的一般流程。

第一，明确创业投资机构的范围。创业项目寻求融资，一个必做的"功课"是了解创业投资市场的行情，了解不同的创业投资机构的偏好，然后根据自身项目的特点和资金需求，来筛选出若干个可能会对自身项目感兴趣的投资机构。

第二，准备好融资文件。在访问投资者之前，创业者应准备好项目融资文件。投资者会通过这些文件以及创业者的应对情况来评估创业项目，文件包括主要业务简介和创业计划书等。

第三，与投资者会谈。在接到创业项目融资文件之后，创业投资者会初步审查这些文件，如果认为有谈判的价值，他们就会安排与创业者会谈。在多数情况下，创业者与投资者之间的会谈主要围绕创业计划书进行。

第四，与投资者进行价格谈判。双方在会谈成功之后，就要对投资项目的价格进行谈判。投资者在考虑单个投资项目的交易价格时，倾向于保守，因为他们需要考虑补偿其他项目的可能损失。

第五，确定投资条款，双方签署文件，资金到位。文件的签署标志着创业项目争取投资过程的结束，同时也标志着创业者与投资者双方合作关系的开始。在投资合同书中，以下两个基本问题是创业者和投资者双方必须要明确的：一是投资数额与股份分配；二是创业公司的组织架构和双方各自担任的职务、权利和义务。

正如前文所介绍的那样，创业者获取资金的渠道有很多，每种渠道各有优劣。融资本身就像一把双刃剑，在为项目带来资金的同时，也会带来义务和风险。融资渠道的选择和使用如果不正确，可能给企业带来不良影响。因此，创业者要做好评估，选择最适合的渠道，以避免不必要的成本和风险。

9.4.3　大学生创业融资需注意的问题

创业融资不是一次性的，而是具有阶段性的特征。创业者需了解创业不同阶段的特点，注意融资渠道、融资节奏与创业过程的匹配，同时要设计好股权控制机制。

1. 平衡企业估值和资金匮乏问题

大学生创业具有较高的风险性，很多创业项目在相当长时间都处于亏损状态，收支达不到平衡，基本上都是靠投资资金而不是收入来支撑。一般来说，首期融资资金最多能支持 1~2 年，缺乏后续资金支持，创业很可能因资金匮乏而宣告失败。因此，创业者要把握好融资的节奏，预留出 12~18 个月的现金作为维持项目正常运转的资金流。在项目估值不理想时，为了及时获得资金避免项目夭折，创业者甚至要忍痛割爱，接受"不公平"的投资条款。

2. 设计合理的股权控制机制

在企业创业初期，其他股东基于对创始人的信任，会默许公司控制和决策由创始人主导，但随着企业的发展壮大很容易发生利益分配冲突。大学生创业者在引入资本时必须考虑股权稀释对企业的影响，单纯认为只要把企业做起来，股份多少不重要，可能导致项目创始人即创始股东在企业重大议案中丧失发言权。

在公司运作过程中，风险投资人与创业者的利益不尽相同。通过投票权与股权的分离，可将部分股东股权中的投票权分离出来，交给创始股东行使。这样可以达到"同股不同权，同权不同股"的效果，项目创始人不会因融资稀释投票权，进而失去对公司的控制权。

第 10 章　创业计划

10. 1　什么是创业计划

创业计划（Business Plan），通常也翻译为"商业计划"。创业计划书主要用来描述与拟创办企业相关的内外部环境条件和要素特点，为业务的发展提供指示图，是衡量业务进展情况的标准。一份结构清晰完整创业计划书，是能够作为公司宪章的综合文件；同时也是创业者叩开投资者大门的"敲门砖"。

从"供给"和"需求"角度来看，创业计划是为了将潜在供给（新产品）销售给潜在需求（客户）而制订的、以盈利为最终目标的资源整合和运作计划（如图 10-1 所示），创业计划的呈现形式即为创业计划书。

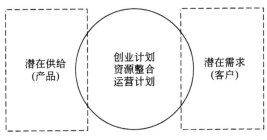

图 10-1　创业计划的本质

创业过程通常分为两个阶段，即投入期和运营期，在创业计划书中需要对两个阶段的相关工作进行梳理。从"产品流程"和"供销流程"两个维度看，一般情况下对于新设立企业在产品交付之后才能实现收入，也就是说在产品交付之前都是投入阶段。创业计划书就是要对这两个阶段的各个环节进行梳理和规划。

伴随着"产品流程"和"供销流程"是资金的流出和流入，即现金流量，根据现金流量和未来发展计划，可以确定融资需求。作业流程与创业计划的内在关系如图 10-2 所示。

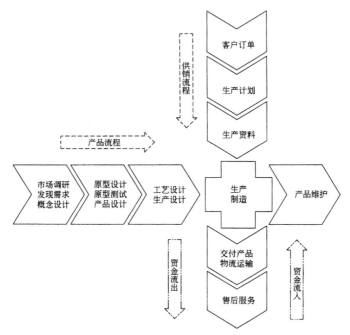

图 10-2　作业流程与创业计划的内在关系

10. 2　为什么要制订创业计划

对初创的企业来说，创业计划书的作用尤为重要，一个酝酿中的项目，往往很模糊，通过制订创业计划书，把正反理由都书写下来，之后再逐条推敲。创业者这样就能对这一项目有更清晰的认识。可以这样说，创业计划书首先是把计划中要创立的企业推销给创业者自己。通常创业计划是产品、市场营销、财务、生产、人力资源等职能计划的综合。对已建的创业企业来说，创业计划书可以为企业的发展定下比较具体的方向和重点，从而使员工了解企业的经营目标，并激励他们为共同的目标而努力。更重要的是，它可以使企业的出资者以及供应商、销售商等了解企业的经营状况和经营目标，说服出资者（原有的或新来的）为企业的进一步发展提供资金。

创业计划书的读者除了创业者和投资者外，还包括合作伙伴、供应商、客户等相关方。一份好的创业计划书可以让相关各方提高工作效率。

10.3　创业计划书的类型、结构、格式

14.3.1　创业计划书类型

根据用途来分，创业计划书分为三类：一是创业团队内部使用的计划书；二是给合作机构看的计划书；三是给投资人看的计划书（如表 10-1 所示）。

表 10-1　创业计划的类型

	对象	内容结构	篇幅	用途
第一类	创业团队内部骨干	结构全面	>50 页 Word	内部工作指导文件
第二类	合作机构	重点	10~15 页 Word	吸引合作机构
第三类	投资人	突出言简意赅	10~15 页 PPT	融资

10.3.2　优秀创业计划书的特点

优秀的创业计划书既要在内容上抓住投资人，又要在形式上便于阅读，总结起来分为如下八个方面。其中前三个方面是对形式的要求，后五方面是对内容的要求。

1. 优秀的创业计划书要有清晰的结构

清晰的结构是对一份优秀创业计划书的基本要求，清晰的结构说明创业团队思路清晰，更重要的是结构清晰的创业计划书便于投资人找到他们感兴趣的话题，也便于投资人找到所关注问题的答案。

2. 优秀的创业计划书应当有前后一致的写作风格

有时候，会有几个人合作完成一份商业计划书。最后，必须对这个方案进行整合，以避免整个方案风格不一。考虑到这个因素，最好由一个人负责最后编辑和定稿的工作。

3. 优秀的创业计划书要有统一的版式

创业计划书应当有统一的版面格式，例如，字体应当与文章结构和内容保持一致，插入的图表应力求简洁。

4. 优秀的创业计划书应该知己知彼

优秀的创业者不仅要了解自己的创业项目，而且要了解投资人的需求和关注点，做到知己知彼，将项目的"卖点"和投资人的"需求"对接，产生共振，这样才容易打动投资人。

5. 优秀的创业计划书必须顺应趋势

创业者应该研究行业趋势，从趋势中找到需求，这样的项目才有生命力。趋势有时候就是热点，把握热点更容易得到投资。

6. 优秀的创业计划书要求创新点

如果是一个已经很普遍的项目，很难让投资人产生兴趣。优秀的创业计划书必须有创新点，比如在产品方面有什么创新、商业模式有什么创新等，只要有一点创新，就会吸引投资人的关注。

7. 优秀的创业计划书以其客观性说服投资者

在有数据的情况下尽量用数据来表达，在没有数据的情况下尽量用事实来表达。客观可信的创业计划更能让投资人产生兴趣。

8. 优秀的创业计划书应当让技术上的外行也能读懂

创业计划书不是技术可行性报告，不需要详细的技术细节，而是要从商业的角度说明技术带来的市场机会，要用公众听得懂的语言解释清楚要做的事情，详细的技术细节、生产流程、专利证书可以放在附件中。

10. 3. 3　创业计划书结构

创业计划书结构如下所述。

××项目创业计划书

封面
保密协议
执行总结
目录

行业概述
存在问题
解决方案
市场规模
竞争分析
商业模式
产品体系
营销策略
创业团队与股权结构
核心竞争力

财务数据（或已有成绩）

未来发展计划与融资需求

风险分析及其应对方案

附录

专利证书

资质认证证书

销售合同

其他相关资料

10.3.4　创业计划书格式

1. 报告版格式

报告版创业计划书一般采取 Word 版格式，内容较详尽，主要用于团队内部，作为公司的工作指导文件，也有部分用于投资人和合作伙伴。报告版创业计划书涉及商业秘密，在外传时需要签订保密协议（如图 10-3 所示）。

2. 路演版格式

路演版创业计划书一般格式为 PPT，主要用于项目路演，通常不超过 10 页内容，路演者需要在 5~7 分钟内阐述清楚创业计划，通常要做到如下几个方面（如图 10-4 所示）。

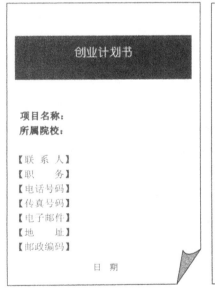

图 10-3　报告版创业计划书实例

图 10-3　　（续）

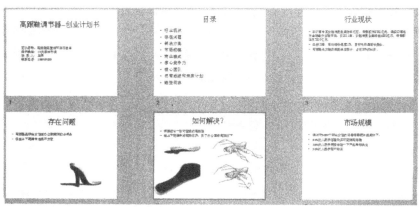

注：本创业计划源自大学生创业项目[1]。

图 10-4　路演创业计划书实例

（1）了解投资人需求和关注点；

（2）简明扼要；

（3）重点突出；

（4）数据说话；

（5）真实可信；

（6）核心团队与股权；

（7）融资同时融智。

演示版创业计划书不超过 10 页篇幅。分别为：封面、目录、行业现状、存在问题、解决方案、市场规模、核心竞争力、商业模式、团队介绍、以后成绩和未来打算、资金需求、有说服力的附件（如图 10-5 所示）。

| 行业现状 | 目前市场存在的问题 | 问题解决方案 | 新产品的市场规模 | 核心竞争力 | 创业团队介绍 | 现有成绩和未来计划 | 资金需求 |

图 10-5　路演版创业计划书主要内容

第一页：行业现状

在写行业现状时先问自己三个问题（3W），即你创业项目所在的行业现状是什么（Actuality）？市场容量有多大（Capacity）？市场整体未来的发展趋势是怎样的（Trends）？

该部分要用客观的数据进行描述，越客观真实可信，越有说服力。

第二页：目前市场上存在的问题

为什么创办一个公司？一定是发现市场里面的机会，也就是说目前市场里面有一个什么问题没有被人解决或者解决得不好。比如打车难是困扰城市出行的交通问题，这个问题如何解决？传统的做法是增加出租车的供给，但如何在短期内迅速增加供给呢？出租车公司做到了吗？

第三页：问题的解决方案

为了解决打车难的问题，滴滴打车采用资源共享的方式迅速解决了车辆短缺问题，而要实现资源共享就需建立一个信息平台，也就是大家熟悉的滴滴打车 APP 平台。

第四页：新产品市场规模

滴滴打车的市场规模有多大？可以近似等于两个群体的总和：一是之前乘坐出租车的乘客；二是由于车费的降低和便捷程度提高而新进入的乘客。

这个产品市场规模有多大？需要用真实的数据来表述。同时还要问一个问题，这个市场是持续重复消费市场还是一次性消费市场？如果产品是一次性消费市场，比如购买住房，就远远不如低价且重复消费的产品更容易获得投资。

第五页：核心竞争力

要证明项目有没有特别之处，有没有技术壁垒、专利，或者特许等。哪怕在某一点上比别人有优势也可以，比如产品改进、营销手段、商业模式、推广模式是否有独特之处？总之要把独特的东西写出来，而这些独特之处对于你所从事的项目有帮助。

第六页：创业团队

把一个创意转化为一个成功的创业企业，其关键的因素就是要有一支强有力的团队。在某种程度上，对于创业早期的项目，投资者与其说是投资项目不如说是投资团队。投资人选择创业早期项目最重要的是考察团队成员是否具备"创业者素质"。

团队成员除了有"创业者素质"，还应该有相关专业知识、管理能力、相关工作经验。团队负责人的职能就是计划、组织、控制、领导团队成员实现公司目标。

在创业计划书中，应首先介绍团队负责人，然而再分别介绍每位成员的专业才能、特点、将对公司所做的贡献。

第七页：现有成绩和未来打算

到目前为止项目进展到哪个阶段了？取得了哪些主要成绩？未来有什么计划？具体的可以细分为如表10-2所示的七个方面。

表10-2　现有成绩与未来打算

序号	考察内容	进展情况和主要成绩	未来计划
1	市场研究	问卷、调研报告等	
2	产品研发	专利证书、知识产权、产品原型、产品样品	
3	产品生产	生产工艺、生产线、生产规模	
4	产品销售	直销数量、渠道销售数量	
5	团队建设	核心团队是否组建完成？是否稳定？有股权激励吗？	
6	财务指标	资产负债表、现金流量表	
7	融资状况	之前是否有过成功融资记录？	

第八页：工作计划和资金需求

未来12个月准备做哪几件事？做这些事情需要多少资金？计划是股权融资还是债务融资？可不可以和投资人对赌？

第九页：有说服力的附件

如果有专利证书、资格证书、银行信用贷款记录、股权融资记录、销售合同、财务数据等相关资料，可以放在附件中，增加投资人对项目的了解和信心。

10. 4　如何撰写创业计划书

报告版创业计划书是对未来业务的详细阐述，路演版创业计划书可以在报告版的基础上根据相关格式进行整理，因此在这里介绍报告版创业计划书的写作方法。由于很多内容在本书相关章节有专题介绍，在此只针对没有涉及的内容如财务预测等模块进行详细分析。

1. 封面

封面的设计要有审美观和艺术性，一个好的封面会使阅读者产生最初的好感，给人留下一个良好的第一印象。封面除格式上的要求外，主要是提供有用的信息，以及保密约定。

2. 执行总结

执行总结是创业者所写的最后一部分内容，但却是投资人首先看到的内容，它是从创业计划中摘录出最核心的内容，是创业计划的高度提炼。要用 100 字说清楚框架内容，用 6 句话完成，一句话说清楚你是谁（WHO），一句话说清楚想要做什么（WHAT），一句话说清楚怎么做（HOW），一句话说清楚目前成绩（Achievement），一句话说清楚未来计划（Plan）一句话说清楚需要融资多少（Financing）。

3. 目录

创业计划书一般为采用二级目录，使阅读者一目了然，可以根据需要进行选读。

4. 行业概述

简要说明一下项目所处的行业，是朝阳产业还是夕阳产业，政府政策鼓励吗？未来 10 年甚至更长时间还会有需求吗？这个行业是小而众，重复消费的市场吗？

5. 存在问题

目前已有的产品能否满足市场需求？存在哪些问题？哪些方面可以改进？这些问题的解决是否带来新的需求？

6. 解决方案

解决方案能够降低社会成本吗？能够使客户从中受益吗？是潜在的需求还是现实的需求？需要进行市场教育吗？通常过早地进入一个全新的市场风险较大。

7. 市场规模

当企业要开发一种新产品（服务）时，首先就要进行市场预测。市场预测一般要回答下列问题：市场是否存在对这种产品的需求？需求程度是否可以给企业带来所期望的利益？新产品的市场规模有多大？市场的未来趋势如何？影响需求的因素都有哪些？回答好这些问题，就可以做出客观可信的预测，并在预测的基础上确定市场规模。

8. 竞争分析

竞争分析通常使用波特五种竞争力模型（如图 10-6 所示），它由麦克尔·

波特（MichaelPorter）于20世纪80年代初提出，主要用于行业竞争结构分析以及竞争战略分析。

波特五种竞争力分析模型将大量不同的因素汇集在一个简便的模型中，以此分析一个行业的基本竞争态势。模型确定了竞争的五种主要来源，即供应商和购买者的讨价还价能力、潜在进入者的威胁、替代品的威胁和来自目前在同一行业的公司间的竞争。

在创业计划书中，创业者应细致分析竞争对手的情况。竞争对手都是谁？他们的产品是什么？与本企业的产品相比有哪些相同点和不同点？竞争对手所采用的营销策略是什么？

要明确每个竞争者的销售额，毛利润、收入以及市场份额，然后再讨论本企业相对于每个竞争者所具有的竞争优势，要向投资者展示客户偏爱本企业的原因。

9. 商业模式

商业模式对一个创业型企业至关重要，是投资者最看重的内容之一。商业模式要有创新点，不能照搬同类企业的商业模式，否则很难融到资金。关于商业模式的详细内容请见相关章节。

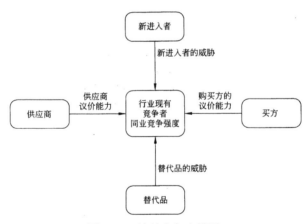

图 10-6　波特竞争力模型

10. 产品体系

在进行投资项目评估时，投资人最关心的问题之一就是，创业企业的产品（服务）能否以及在多大程度上解决现实生活中的问题，或者，创业企业的产品（服务）能否帮助客户节约开支。因此，产品（服务）介绍是创业计划书中必不可少的一项内容，在该部分，企业家要对产品（服务）做出详细的说明，说明要准确，也要通俗易懂。通常，产品介绍都要附上产品原型、照片。一般产品介绍必须要回答以下问题。

（1）客户希望企业的产品能解决什么问题，客户能从企业的产品中获得什么好处？

（2）企业的产品与竞争对手的产品相比有哪些优缺点，客户为什么会选择本企业的产品？

（3）企业为自己的产品采取了何种保护措施，企业拥有哪些专利、许可证，或与已申请专利的厂家达成了哪些协议？

（4）为什么企业的产品定价可以使企业产生足够的利润，为什么用户会大批量地购买企业的产品？

企业采用何种方式去改进产品的质量、性能，企业对发展新产品有哪些计划？等等。

在产品分析方面，可以使用美国知名管理者安索夫在 1957 年所提出的产品市场扩展方格模型（如图 10-7 所示），该模型以企业经营产品与市场的新与旧两个维度，提出企业成长方向矩阵（产品/市场扩张方格）。企业可以利用这个模型来分析和判断是否能在现有市场中扩大占有率（市场渗透策略），如果现有市场已经饱和，则要考虑是否能为现有的产品开发新的市场（市场发展策略），接着可以进一步考虑是否能在现有的市场中开发新产品（产品发展策略），或以新产品进入新市场（多角化策略）。

产品/市场扩张方格

	现有产品	新产品
现有市场	市场渗透	产品扩张
新市场	市场扩张	多角化

图 10-7　市场扩张方格模型

创业型企业通常是在现有的产品与市场已经饱和的情况下，通过开发新产品进入现有市场，或者通过开发新产品满足新的需求（进入新市场）。

11. 营销策略

营销是企业经营中最富挑战性的环节，影响营销策略的主要因素有：①消费者的特点；②产品的特性；③企业自身的状况；④市场环境方面的因素。最终影响营销策略的则是营销成本和营销效益因素。在创业计划书中，营销策略应包括以下内容：①市场机构和营销渠道的选择；②营销队伍和管理；③促销计划和广告策略；④价格策略。对创业企业来说，由于产品和企业的知名度低，很难进入其他企业已经稳定的销售渠道中去。因此，企业要采取创新的营销方式，如新媒体营销、大数据营销、精准营销。详细内容请见"初创企业营销创新"一章。

12. 创业团队与股权结构

创业计划书中需要介绍团队主要成员的背景和特长，要强调个人的能力适合该岗位，团队的组合适合创业项目。

投资人希望看到你准备要做的事是适合你做的，在准备要做的事情上有过积累，不能只是因为你想做一件事你就去做。你之前做过什么不重要，重要的是你之前的经历和经验跟现有项目的契合度。

对于核心成员要拥有股份，以利于团队的稳定和持久，稳定的团队利于融资。创业团队成员统计表如表10-3所示。

表 10-3　创业团队成员统计表

姓名	性别	年龄	目前岗位和职务	优势与专长	历史业绩

注：请说明与经营项目相关的经验与专长。

13. 核心竞争力

1990年，美国著名管理学者加里·哈默尔和普拉哈拉德的核心竞争力（Core Competence）模型是一个著名的企业战略模型，其战略流程的出发点是企业的核心力量。

随着世界的发展变化，竞争加剧，产品生命周期的缩短以及全球经济一体化的加强，企业的成功不再归功于短暂的或偶然的产品开发或灵机一动的市场战略，而是企业核心竞争力的外在表现。核心竞争力是能使公司为客户带来特殊利益的一种独有技能或技术。

企业核心竞争力是建立在企业核心资源基础上的企业技术、产品、管理、文化等的综合优势在市场上的反映，是企业在经营过程中形成的不易被竞争对手仿效、并能带来超额利润的独特能力。在激烈的竞争中，企业只有具有核心竞争力，才能获得持久的竞争优势，保持长盛不衰。

10. 企业核心竞争力的识别标准

（1）价值性：这种能力首先能很好地实现顾客所看重的价值，如：能显著地降低成本，提高产品质量，提高服务效率，增加顾客的效用，从而给企业带来竞争优势。

（2）稀缺性：这种能力必须是稀缺的，只有少数的企业拥有它。

（3）不可替代性：竞争对手无法通过其他能力来替代它，它在为顾客创造价值的过程中具有不可替代的作用。

（4）难以模仿性：核心竞争力还必须是企业所特有的，并且是竞争对手难以模仿的，也就是说它不像材料、机器设备那样能在市场上购买到，而是难以转移或复制。这种难以模仿的能力能为企业带来超过平均水平的利润。

对于创业型企业，核心竞争力包含七个方面，概括为一个精神和六个创新。创业型企业只有注重创新、具备企业家的精神和创业心态，才能构造创业阶段企业的核心竞争力，这种核心竞争力在企业发展壮大后依然存在，因为企业无时无刻不在面临机遇和挑战，如果没有创新意识和创业精神，迟早会被竞争对手超越。创业企业核心竞争力砖石模型如图 10-8 所示。

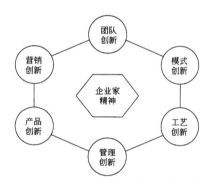

图 10-8　创业企业核心竞争力砖石模型

15. 财务数据（或已有成绩）

财务数据通过报表来呈现，包括现金流量表、损益表、资产负债表以及损益表。流动资金是企业的生命线，因此企业在初创或扩张时，对流动资金需要有预先周详的计划和进行过程中的严格控制；损益表反映的是企业的盈利状况，它是企业在一段时间运作后的经营结果；资产负债表则反映在某一时刻的企业状况，投资者可以用资产负债表中的数据得到的比率指标来衡量企业的经营状况以及可能的投资回报率。

现金流量表是财务报表的三个基本报表之一，所表达的是在一固定期间（通常是每月或每季）内，一家机构的现金（包含银行存款）的增减变动情形。现金流量表是创业阶段最重要的财务报表，其中净现金流量是指一定时期内，现金及现金等价物的流入（收入）减去流出（支出）的余额（净收入或净支出），反映了企业本期内净增加或净减少的现金。

作为一个分析的工具，现金流量表的主要作用是决定公司短期生存能力，特别是缴付账单的能力。现金流量表分为主表和附表（即补充资料）两大部分。

主表的各项目金额实际上就是每笔现金流入、流出的归属，而附表的各项目金额则是相应会计账户的当期发生额或期末与期初余额的差额。

表 10-4 为规范的现金流量表主表，表 10-5 为现金流量表（简表）。对于创业阶段的团队成员，在没有财务基础知识的情况下，通过简单的方法制备现金流量表是很有必要的，下面就介绍简化版现金流量表（见附录二）的制作方法，以及如何通过该表进行简单分析得到的关键指标，如总投资额、盈亏平衡点、投资回收期、利润等创业者和投资者都关注的指标。

表 10-4 现金流量表

项目	行次	金额
一、经营活动产生的现金流量：		
销售商品、提供劳务收到的现金	1	
收到的税费返还	3	
收到的其他与经营活动有关的现金	8	
现金流入小计	9	
购买商品、接受劳务支付的现金	10	
支付给职工以及为职工支付的现金	12	
支付的各项税费	13	
支付的其他与经营活动有关的现金	18	
现金流出小计	20	
经营活动产生的现金流量净额	21	
二、投资活动产生的现金流量：		
收回投资所收到的现金	22	
取得投资收益所收到的现金	23	
处置固定资产、无形资产和其他长期资产所收回的现金净额	25	
收到的其他与投资活动有关的现金	28	
现金流入小计	29	
购建固定资产、无形资产和其他长期资产所支付的现金	30	
投资所支付的现金	31	
支付的其他与投资活动有关的现金	35	
现金流出小计	36	
投资活动产生的现金流量净额	37	

续　表

项目	行次	金额
三、筹资活动产生的现金流量：		
吸收投资所收到的现金	38	
借款所收到的现金	40	
收到的其他与筹资活动有关的现金	43	
现金流入小计	44	
偿还债务所支付的现金	45	
分配股利、利润或偿付利息所支付的现金	46	
支付的其他与筹资活动有关的现金	52	
现金流出小计	53	
筹资活动产生的现金流量净额	54	
四、汇率变动对现金的影响	55	
五、现金及现金等价物净增加额	56	

表 10-5　现金流量表（简表）

		1 月	2 月	3 月	…	12 月	总计
	月初现金						—
现金流入	现金销售收入						
	应收款收入						
	股东投入现金						
	借贷收入						
	其他现金收入						
现金流入小计							
现金流出	生产/采购						
	销售提成						
	销售推广						
	税金						
	场地租金						
	员工薪酬						

		1月	2月	3月	…	12月	总计
现金流出	办公用品及耗材						
	水、电、交通差旅费						
	固定资产						
	借贷还款支出						
	其他支出						
现金流出小计							
净现金流量							
月底现金余额							
备注							

　　具体到某一项目，现金流量表可以根据实际情况简化和定制，下面通过案例说明现金流量表如何制备和重要指标分析。

　　（1）项目说明（如表10-6所示）。

表10-6　项目说明

目标客户	处于产能过剩阶段的中小企业家
产品定位	针对企业家转型升级的压力提供《企业家创新思维与转型升级》培训
产品描述	学制3天，集中授课，周五、六、日上课，采取案例教学与实地考察的方式进行教学，50人以上开班
产品价格	6800元

　　（2）工作计划与收支预测（如表10-7所示）。

表10-7　工作计划与收支预测表　　　　　　单位：元

月度	工作计划	支出预算	收入预算	基本数据	备注
1月	市场调研	20000			
	租办公室	30000			3个月租金
	办公家具	10000			
	员工招聘	5000			招聘费用
	小计	65000			

月度	工作计划	支出预算	收入预算	基本数据	备注
2 月	课程开发	20000			
	注册公司	2000			
	租办公室	90000			9 个月租金
	员工招聘	5000			招聘费用
	小计	117000			
3 月	招生计划			6	
	招生推广	20000			
	员工工资	30000			注
	办公费用	10000			
	学费收入		40800		
	招生提成	12240	0	30%	
	小计	72240	40800		
4 月	招生计划			15	
	招生推广	20000			
	员工工资	30000			
	办公费用	12000			
	学费收入		102000		
	招生提成	30600	0	30%	
	小计	92600	102000		
5 月	招生计划			20	
	招生推广	20000			
	员工工资	30000			
	办公费用	12000			
	学费收入		136000		
	招生提成	40800	0	30%	
	小计	102800	136000		
6 月	招生计划			20	
	招生推广	25000			
	员工工资	30000			
	办公费用	15000			
	学费收入		136000		
	招生提成	40800	0	30%	

续　表

月度	工作计划	支出预算	收入预算	基本数据	备注
6月	教室租赁	15000			
	教师授课	30000			
	开课物资	5000			
	班级管理	5000			
	小计	165800	136000		
7月	招生计划			25	
	招生推广	25000			
	员工工资	30000			
	办公费用	15000			
	学费收入		170000		
	招生提成	51000	0	30%	
	小计	121000	170000		
8月	招生计划			25	
	招生推广	25000			
	员工工资	30000			
	办公费用	15000			
	学费收入		170000		
	招生提成	51000	0	30%	
	小计	121000	170000		
9月	招生计划			25	
	招生推广	25000			
	员工工资	30000			
	办公费用	20000			
	学费收入		170000		
	招生提成	51000	0	30%	
	教室租赁	15000			
	教师授课	30000			
	开课物资	5000			
	班级管理	5000			
	小计	181000	170000		

续　表

月度	工作计划	支出预算	收入预算	基本数据	备注
10 月	招生计划			30	
	招生推广	25000			
	员工工资	30000			
	办公费用	15000			
	学费收入		204000		
	招生提成	71400	0	35%	
	小计	141400	204000		
11 月	招生计划			30	
	招生推广	25000			
	员工工资	30000			
	办公费用	15000			
	学费收入		204000		
	招生提成	61200	0	30%	
	小计	131200	204000		
12 月	招生计划			30	
	招生推广	25000			
	员工工资	30000			
	办公费用	15000			
	学费收入		204000		
12 月	招生提成	61200	0	30%	
	教室租赁	15000			
	教师授课	30000			
	开课物资	5000			
	班级管理	5000			
	小计	186200	204000		
年度	总计	1497240	1536800		

注：招生专员 6 人，底薪 3000 元，销售总监 1 人，底薪 6000 元，财务行政 1 人，工资 6000 元。

（3）现金流量表。

根据表 10-6 可以得到该项目的现金流量简表（如表 10-8 所示）。

表 10-8　现金流量简表　　　　　　　单位：元

月度	1 月	2 月	3 月	4 月	5 月	6 月
支出预算	65000	117000	72240	92600	102800	165800
收入预测	0	0	40800	102000	136000	136000
净现金流入	−65000	−117000	−31440	9400	33200	−29800
累计净现金流	−65000	−182000	−213440	−204040	−170840	−200640
月度	7 月	8 月	9 月	10 月	11 月	12 月
支出预算	121000	121000	181000	141400	131200	186200
收入预测	170000	170000	170000	204000	204000	204000
净现金流入	49000	49000	−11000	62600	72800	17800
累计净现金流	−151640	−102640	−113640	−51040	21760	39560

图 10-9　项目现金流（收支）预测

　　由表 10-8 和图 10-9 可以直观地看到，刚开始两个月项目没有收入，支出却不断发生，这就需要在项目启动阶段通过股东出资的方式解决现金，维持项目的运营。随着项目的运营，从三月份开始逐步产生收入，并随着时间的推移收入越来越多，直到超过支出实现月度累计现金收入大于月度累计现金支出，可以不再依靠股东投入而是靠着营业收入维持企业的运营。

　　（4）现金流量表分析。

　　月度累计净现金流入是月度净现金流入的累加，从图 10-10 中可以清晰地看出项目在刚开始 3 个月累计净现金流为负值，且越来越大，在 4 月由于项目开始有销售（招生）收入所以曲线开始拐头上翘，在这个案例中 3 月达到低点，−213440 元，从 4 月开始趋势向上，直到 11 月由负变正，也就是说前期的累计支出都由于产品销售收入的累计增加而弥补，即实现了盈亏平衡，这个点对应的已经销售的产品数量即是盈亏平衡点，对应的时间期限就是投资回收期。在本案例中盈亏平衡为 191（名）学员，投资回收期为 10 个月。

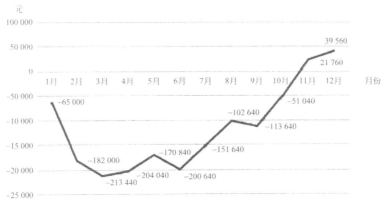

图 10-10　项目月度累计净现金流

从图 10-10 可以看出，累计净现金流曲线与产品生产周期（如图 10-12 所示）图中的投资曲线形态一致，实际上累计净现金流曲线反映出一个产品从研发期（净投入）到新产品导入期（开始实现销售收入）再到成长期、最后到成熟期的过程。对应到本项目，研发期为 1～2 月，导入期为 3～10 月，成长期为 11 月以后（如图 10-11 所示）。

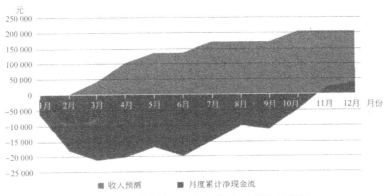

图 10-11　现金流、盈亏平衡点、投资回收期

16. 未来发展计划与融资需求

资金需求是和工作计划相关的，做一个详细的工作计划，将每件事情需要的花费列出来，汇总以后就得到资金需求，如果这些资金都需要通过融资解决，则资金需求就等于融资需求。

如果创业团队只有项目，没有启动资金，则可以利用表 10-9 进行资金需求预测。

表 10-9　资金需求预测表

类别/项目		金额（元）	备注（对主要费用及重要事项说明）
固定资产购置合计			
开办费	工商注册、税务登记费		
	市场调查费、差旅费、咨询费		
	各种许可证审批费用		
	支付连锁加盟费用		
	其他费用		
	合计		
流动资金	原材料/物资采购		
	场地租金		
	员工薪酬		
	办公用品及耗材		
	水、电、交通差旅费		
	其他费用		
	合计		
启动资金总计			

撰写融资需求的过程也是创业者梳理思路的过程，融资需求要客观合理，这样有利于融资资金。在撰写过程中需要注意如下几个方面。

（1）早期项目的盈利不重要，投资人主要对高增长感兴趣。表明你的融资计划，需要多少资金，准备稀释多少股份。

（2）分析一下自己一定时间需要用的钱，你将在接下来的 3~12 个月时间里做哪些事？例如，团队如何组建、产品如何开发、营销推广如何开展，各个方面的费用开销大概是怎么样的？以及你希望融资的金额和出让的股份比例；早期融资时，过高估值或过多股份出让，对于公司未来发展都是非常不利，稀释的股份要少于30%。

（3）早期没有必要特别纠结估值的问题，更重要的是拿到一笔钱先把项目启动起来，这比纠结估值更重要。

10. 5　如何展示创业计划书

10. 5. 1　了解投资人需求

投资人每天都会看很多商业计划，如何在 5 分钟之内打动投资人是成功的关键，对于创业初期的项目，面对的投资人大多数看重团队、市场规模、商业模式，团队是最重要的因素，因为企业的成败不在于目标市场有多大，商业模式也是可以改进的，但是团队尤其是创始团队的负责人如果没有创业家的素质，一般的风险投资是不会投的。

打动投资人的第二个要素是产品和商业模式的创新，找到了一个暂时空白的市场，且这个市场足够大、持续需求。

第三个方面是在介绍项目的时候要简明扼要、用数据说话、说清楚有哪些资源或者成绩。

10. 5. 2　准备一份路演版的创业计划书

项目路演通常只有 5~10 分钟，一定要准备一份 PPT 路演版的创业计划书，而不要用 Word 版的几十页的报告。

10. 5. 3　成功展示创业计划书的要点

项目路演通常只有 5 分钟，要在几分钟之内引起投资人的注意，就要学会相关技巧。5 分钟时间要合理分配，通常为 30 秒开头，240 秒创业计划介绍，30 秒结尾，开头要用三句话抓住投资人的注意力，引起投资人对接下来创业计划书路演的兴趣；240 秒要介绍 8 张 PPT，做到重点突出，逻辑清晰；最后 30 秒结尾要勾起投资人的欲望，让他们在提问环节问出关心的话题。具体内容详见相关章节。

第 11 章　新企业设立需要规避的问题与管理创新

11.1　企业组织形式与法律责任

11.1.1　企业组织形式

当前企业的主要组织形式包括公司与合伙。公司包括有限责任公司与股份有限公司，合伙企业包括普通合伙企业与有限合伙企业两种形式。

有限责任公司：是指由50个以下股东共同投资设立、每个股东以其认缴的出资额为限对公司承担责任、公司以其全部资产对其债务承担责任的企业法人。

这一企业形式吸收了合伙、股份有限公司的特点，也避免了二者的不足。首先，其同时具备人合性与资合性的双重特征，将资金的结合与股东之间的信任作为共同存在的基础。其次，股东人数有数量限制，我国《公司法》规定，股东人数在50人以下，这也与其合伙人特点相关联。再次，有限责任公司设立程序简便、组织机构灵活。有限责任公司只有发起设立，没有募集设立，而且在设立上许多事物都是股东内部之间的设定、协议等，立法并不过多地干预。在组织机构上，如股东人数较少或者规模较小的有限责任公司，可以不设董事会或者监事会，只设一名执行董事和1~2名执行监事即可。（相关法条《公司法》第五十条、五十一条有相关规定。第五十条股东人数较少或者规模较小的有限责任公司，可以设一名执行董事，不设董事会。执行董事可以兼任公司经理。执行董事的职权由公司章程规定。第五十一条有限责任公司设监事会，其成员不得少于三人。股东人数较少或者规模较小的有限责任公司，可以设一至二名监事，不设监事会。监事会应当包括股东代表和适当比例的公司职工代表，其中职工代表的比例不得低于三分之一，具体比例由公司章程规定。监事会中的职工代表由公司职工通过职工代表大会、职工大会或者其他形式民主选举产生。监事会设主席一人，由全体监事过半数选举产生。监事会主席召集和主持监事会会议；监事会主席不能履行职务或者不履行职务的，由半数以上监事共同推举一名监事召集和主持监事会会议。董事、高级管理人员不得兼任监事。）此外，有限责任公司具有一定的封闭性。资本具有封闭性，全数资本由全体股东认缴，不可向社会公开募集、发行股票；同时根据《公司法》第七十二条规定，出资转让需要取得其他股东的同意，且其他股东具有优先购买权。

股份有限公司，是指全部资本划分为等额股份，股东以其认缴的股份为限对公司承担责任，公司以其全部资产对公司债务承担责任的企业法人。

股份有限公司，首先具有显著的资合性，公司的信用基础依赖于公司的资本和资产。其次，股份有限公司的股东责任有限性，股东以其认购的股份为限承担责任。再次，股份有限公司不同于有限责任公司，不仅可以采取发起设立的方式，还可以采取募集设立的方式。此外，由于其募集资本的方式，股东众多，分散广泛，且其股份的发行和转让是公开的、自由的，除了可以在一般的交易场所转让交易之外，还可以申请在证券交易场所挂牌上市交易，股份有限公司由此便成为上市公司。由于股份转让公司的发行和转让都是自由的，那么公司的经营状况不仅要向股东公开，还必须向社会公开，使公众最大程度地了解公司的经营状况，以最大程度地保护股东和社会公众的权益。

不同于公司，合伙企业是指两个以上合伙人共同出资、合伙经营、共享收益、共担风险，并对合伙企业债务承担无限连带责任的营利性组织。

合伙与公司相比较，首先，设立基础不同。公司的设立以章程为基础，对股东及董监高等管理人员均有约束力，而合伙的成立则建立在合伙合同的基础上，合伙合同是全体出资人意思表示一致达成的协议，它只对合伙的参加人，即合伙合同的订立者有约束力，公司的合伙企业比较容易设立和解散。

其次，责任承担不同。与公司不同的一个显著特点是合伙企业只具有相对独立的人格，它作为独立的主体进行经营活动，可以以自己的名义拥有财产、参与诉讼，享受其他各种权利，但在承担债务责任方面，合伙人与合伙企业则具有连带关系。合伙人对企业的债务承担无限连带责任，合伙人除了对自己的债务承担全部清偿责任这一基本原则之外，合伙人（除有限合伙人之外）以其个人全部财产对合伙债务承担全部清偿责任，即无限连带的责任。

合伙企业是在高度信任的基础上建立起来的组织，具有极强的人身信任性质，这决定了合伙人出资份额的转让、退出要受到严格的限制，相比较下公司具有更大的自由权；表决权基础不同：合伙人具有平等的地位，都有权对内经营企业事务，对外代表合伙从事交易活动，即相互代理的关系，而公司一般以出资额比例计算表决权。

合伙企业另一个显著特点即合伙不具备法人资格，即不存在合伙本身独立承担责任的财产，合伙财产是合伙人共同所有的，合伙对外承担责任的是合伙内部的个人，即每个合伙人，而不是"合伙"这个组织。

合伙企业对内可以通过合伙合同制定利益、责任及风险承担比例，但是对外是一个合伙人是一个利益、责任与奉献的共同体，而对公司而言，公司具有独立的人格，与股东相互独立。

缴税制度不同：在税收上，公司实行双重纳税，即除了股权分红时需缴纳个人所得税外，还需交企业所得税，而合伙企业无须缴纳"企业所得税"，仅需合伙人缴纳个人所得税。

受到广泛承认的是普通合伙企业和有限合伙企业。普通合伙企业即所有合伙人都负无限责任的合伙，而有限合伙企业是至少有一名普通合伙人和一名有限合伙人组成的合伙，在有限合伙中，普通合伙人承担无限责任，而有限合伙人类似于公司中的股东，以其出资额为限承担企业的债务，但同时有限合伙人并没有合伙企业中的经营管理权。

合伙与公司这两种形式，都具备其独特的优势，创业者可以根据其具体的需要进行选择。如从出资方式来看，劳务不可以作为有限责任公司的出资方式，但是可以作为合伙企业的出资方式；从风险防范的角度来看，有限责任公司，股东以其认缴的出资额为限对企业承担责任，为有限责任，而合伙，普通合伙人需要以其个人全部财产对企业承担无限连带的责任；两者的解散方式也不同，合伙企业相对有更大的自由权。创业者可以根据自己的需要选择企业形式。

11.1.2　法律责任

公司的法律责任有三种。

一是民事责任，公司法上的民事责任是指参与公司活动的民事主体违反公司法律法规有关的规定而应承担的民事法律后果。其以自己的财产对外承担责任。具体包括：因合同违约产生的责任；因侵权产生的责任；缔约过失责任及其他责任形式。合同责任指违反合同义务所应承担的民事责任，侵权责任是指侵犯国家、集体、法人、其他组织和公民个人的财产权利和人身权利所应承担的民事责任。

在主体上划分，可以分为公司设立人的责任、公司负责人的责任、公司的民事责任及股东的民事责任。

设立人的民事责任指在股份有限公司和有限责任公司的设立过程中，设立人因自己违反《公司法》规定义务的行为承担的民事责任，如未缴纳出资的民事责任、设立失败的民事责任等；公司负责人的民事责任，指公司的董事、监事及高级管理人员违反《公司法》规定义务应当承担的民事责任，如《公司法》第一百五十三条规定："董事、高级管理人员违反法律、行政法规或者公司章程的规定，损害股东利益的，股东可以向人民法院提起诉讼。"

公司的民事责任是指公司作为法人应当依法承担的民事责任，主要包括两种情况，一种是公司对公司负责人越权代表公司的行为承担的民事责任，《公司法》第十四条规定："公司可以设立分公司。设立分公司，应当向公司登记机关申请登记，领取营业执照。分公司不具有法人资格，其民事责任由公司承担。"另一种是公司对分公司不能清偿的债务承担的民事责任。

股东的民事责任与设立人的民事责任是不同的，尽管设立人可能会成为公司的股东，但设立人的民事责任是指设立人在公司设立阶段的行为所产生的民事责任，既包括设立人变成公司股东后还应当对设立阶段的行为承担的责任，也包括设立失败的情形下应当对该行为承担的责任，而股东的责任指股东在公司成立后的行为产生的民事责任，如抽逃出资的责任、违法分配利润的责任等。

二是行政责任，即因违法违规而受处罚所引起的责任（处罚、整改等）。主要包括行政处罚与行政处分两种形式。《公司法》对行政责任的规定主要是行政处罚，《公司法》规定了对一些违法行为要给予行政处分，但是对给予何种形式的行政处分没有具体的规定。行政处罚的具体形式包括罚款、没收违法所得、责令停止违法行为、责令纠正违法行为、取消资格等。如《公司法》第一百九十九条：违反本法规定，虚报注册资本、提交虚假材料或者采取其他欺诈手段隐瞒重要事实取得公司登记的，由公司登记机关责令改正，对虚报注册资本的公司，处以虚报注册资本金额百分之五以上百分之十五以下的罚款；对提交虚假材料或者采取其他欺诈手段隐瞒重要事实的公司，处以五万元以上五十万元以下的罚款；情节严重的，撤销公司登记或者吊销营业执照。

三是刑事责任，即公司及有关工作人员，严重违反《公司法》及相关法律规定，已符合《刑法》规定的某一罪名的犯罪构成要件时，其需要承担的法律后果。即其行为触犯了法律，构成了犯罪。《公司法》中规定的犯罪种类主要包括虚报注册资本罪、虚假出资抽逃出资罪、提供虚假财会报告罪、妨害清算罪、公司人员受贿罪、对公司人员行贿罪、非法经营同类营业罪、提供虚假证明文件和出具虚假证明文件重大失实罪、职务侵占罪、挪用资金罪等。

自然人和单位均可构成犯罪的主体，一般以情节严重、造成严重后果、数额较大或者数额巨大作为构成要件，主观方面一般均表现为故意。刑事责任相对于民事责任和行政责任，是最严厉的一种处罚，不仅可以剥夺行为人的财产，甚至可以剥夺行为人的人身自由。

合伙企业的法律责任跟公司的法律责任可同样分为民事责任、行政责任与刑事责任。

民事责任包括合伙企业应承担的民事责任，即合伙企业在生产经营的过程中因违约、侵权或财产不足以支付合同债务对第三人承担的责任；合伙人应承担的责任如出资违约责任、拒绝承担无限责任的违约责任、擅自退伙的违约责任、擅自处理必须经过全体合伙人同意才能执行的合伙事务的赔偿责任等；合伙企业招用的职工、被聘任的经营管理人应承担的责任。

合伙企业的行政责任主要体现在行政处罚上。在《合伙企业法》中主要规定了责令改正、撤销企业登记、责令限期改正、责令停止经营活动、责令限期登记、责令退还等 7 种处罚名称。如《合伙企业法》第二十五条规定，合伙人以其在合伙企业中的财产份额出质的，须经其他合伙人一致同意；未经其他合伙人一致同意，其行为无效，由此给善意第三人造成损失的，由行为人依法承担赔偿责任。

合伙企业可能涉及的刑事犯罪主要包括侵占单位财物罪、挪用单位资金罪、商业受贿罪、清算欺诈罪。其涉及的行为主要包括以下几种；一是合伙人执行合伙企业事务过程中，将应当归入合伙企业的利益据为己有或者采取其他手段侵占合伙企业的财产构成犯罪的；二是招用的职工利用职务上的便利，将合伙企业的财务非法占为己有或者挪用企业财产归个人使用构成犯罪的；三是合伙人担任清算人或者合伙企业委托的清算人在执行清算事务时，牟取非法收入或者侵占合伙企业财产构成犯罪的，及清算人在清算过程中隐匿、转移合伙财产，对资产负债表或者财产清单做虚伪记载或者在未清偿债务前分配企业财产构成犯罪的。

创业者在创业的过程中及公司运营的过程中，对于合法合规性的把握必须十分谨慎，严格按照法律的规定进行操作，免得为公司或者个人带来不必要的法律问题。

11. 2　成立新企业需要注意哪些方面

11. 2. 1　谨慎选择合作伙伴

浙江万通集团董事局主席冯仑说过："民营企业跟梁山的组织机构很像，大家目标一致后，事业一开始就是排座次，分经营，论荣辱。"所以，进入商界就要遵循商界的生存法则，即所谓的"在商言商"，谨慎选择伙伴。

首先，合作伙伴应当目标一致，即志同道合。与合作伙伴有着共同的商业目标或者商场理想，甚至对企业的组织形式、经营模式及发展规划有着共通性，不仅可以使企业的创立过程少些阻碍，而且可以在企业的经营过程中减少不必要的摩擦，耗费最少的时间取得最有效益的商议结果，减少合作伙伴之间的"磨合期"，将更多的精力投入到企业成长性中来。

其次，合作伙伴除了志同道合，还应当注重合作伙伴的全面素质。就像很多天使投资人常常说的，有时候作为天使，选择的不是这个项目，而是这个创业者本身。创业者本身具备较为综合的素质，具备良好的创业素养、优秀的管理组织能力、敢于创新敢于冒险的精神及理性的商业头脑，往往会成为一个企业是否能够快速成长并保持稳定性的重中之重。此外，除了注重经商素质，创业者的个人品质也是十分重要的。有人说，无商不奸。但，在作为精明的商界一员的同时，可以保持自身为人处事的基本原则和经商原则，才能成为形成长期紧密合作关系的保障。在进行合作伙伴选择的时候，通常情况下，合作伙伴的个人品质往往是对方考虑是否进行合作的关键因素。

再次，仅仅依靠友谊来支撑的商业合作，在商场中显得脆弱不堪。所谓亲兄弟还要明算账，更何况是商业伙伴。商场上没有牢固的友谊，只有固若金汤的规则。所以，再好的朋友，在商场上也不可轻易相信，切莫把这种情感牵扯到利益场上。

此外，切莫把同行当成你的敌人，"老死不相往来"。实际上，同行正是你应当多接触、多了解的对象，你可以通过同行审视自己的不足，完善自己的企业，也应当树立团结合作的理念。形成一个优秀的同行团队，不仅仅能够为激发合作伙伴的能力，也会迸发出彼此都不存在的新生力量，使得整体实力得到延伸与加强。这样，也有助于企业在商场上一起创造更大的利润，形成一个动态的、活跃的良性竞争的市场。所以，在互利互惠合作基础上的竞争，会得到难以预料到的好结果。

最后，有舍才有得，舍得成大业。拥有了志同道合、具备良好素质的合作者后，也要注意在合作过程中善待伙伴、利益均沾。想要形成良好的长期合作，就要将眼光放长远，善待自己的盟友，不能因为短期的利益放弃了长远的发展。当然，做生意就是要挣钱的，但是挣钱也要讲究挣钱的方式，所谓"占小便宜吃大亏"，在合作中想着对方，利益分配时公正公平，合作伙伴才能觉得你是可信赖的，并且会愿意与你合作，在这个过程中，便也慢慢形成了自己的商业人脉圈。表 11-1 所示的是选择合作伙伴时需要考量的因素。

表 11-1　选择合作伙伴时需考量的因素

志同道合	如创业项目、组织形式、经营模式、发展规划等方面一致
合作伙伴的整体素质	创业素养、管理组织能力、冒险精神、理性的商业头脑、个人品质
莫用友谊支撑创业，固若金汤的规则必不可少	
妥善运用同行力量，互惠互助、和谐共生	
创业时合作伙伴需眼界长远、利益均沾	

11.2.2　创业初期必须决策集中

很多企业家想要追求财散人聚的效果，把公司做大的同时，分享成功的收益。但是同时，企业应当一股独大，有明确的控制人，且在刚开始创业的时候，创始者必须要保持决策的集中性，时间就是金钱，切莫在创业初期就分散控制权，将时间花费在次要问题上。

为了把企业做起来，创业者必须保持对公司的控制权，同时，具有完善的股权结构。很多企业因为股权结构设计的问题走向了失败，就如大家熟知的真功夫案例。真功夫是中式快餐连锁餐厅，短时期内在中国发展了几百家店面，且在前几年快餐行业发展最快的趋势下，真功夫被一片叫好，2007 年上市计划也提上了日程。但是，偏偏遇到了家庭内部的矛盾爆发了股权之争，使得真功夫发展缓慢，上市至今搁浅。这股权之争的源头，便在于创业初期的股权结构。在真功夫成立之前，为潘宇海创业时创立"168 甜品屋"，后来发展为"双种子"，最终改名为"真功夫"。潘宇海与其姐姐潘敏峰和姐夫蔡达标合作开店，潘宇海占有50% 的股权，潘敏峰与其丈夫蔡达标各占有 25% 的股权。2006 年，蔡达标与潘敏峰离婚，潘敏峰为取得子女抚养权而放弃了 25% 的股权。至此，蔡达标与潘宇海各占有真功夫 50% 的股权。之后，"真功夫"引入了中山联动与今日资本两家风险投资基金，共注入资金 3 亿元，各占 3% 的股份。此时，潘与蔡各占 47% 的股权，并且此时两家族内部矛盾已经十分严峻。真功夫在蔡达标的主持下，采取了去家族化管理体制，聘请职业经理人管理，但其实大部分职业经理人是蔡达标授权的，潘宇海实际上已经失去了企业的控制权。两大家族的矛盾彻底激化，潘宇海的妻子后来举报蔡达标挪用公司资产，蔡达标被捕，资本方退出，潘宇海重新控制了公司。但是就因为股权争斗，真功夫已经错失了中式快餐发展的黄金时期，发展停滞，上市计划也被搁浅了，直到现在，真功夫仍未实现上市，估值较之前也一落千丈。

表面上，真功夫的衰落是因为家族矛盾，但是深究，是因为真功夫期初设计的不科学的具有天然缺陷的股权结构。在家族式企业中，往往因为天然的信任的关系存在平均的股权分配，但是这种情感上的维系切记不要存在于创建企业中，平均的股权分配模式在创业中也务必不要使用。因为在长期的企业发展过程中，必然遇到各种问题，就可能使得创业时期的信任感消磨殆尽，这时候，留下的就是难以再解决的股权问题。如若真功夫是有着简单明晰并且有控股股东的股权结构，也许现在的发展已经远超预期。

那么，如何在分散股权的同时保持对公司的控制权并设计完备的股权结构呢？可以从以下几个方面参考（如表 11-2 所示）。

表 11-2　创业初期决策集中实现方法

1. 完善企业的股权架构设计	核心创始人必须至少持有公司 51% 以上的股权，最好可以达到 67%	
	创始人无法实现控股时	利用公司章程进行规定，规定创始人的表决权比例来实现控制
		投票权委托或一致行动协议来变相掌握企业的控制权
		利用有限合伙企业中的有限合伙人无企业控制权的规定进行设计
2. 掌握董事会的控制权和公司日常经营的实际控制权		
3. 控制企业的公章、营业执照及产品等		

1. 完善企业的股权架构设计，创始人保持股权上的控制权

首先，即核心创始人必须至少持有公司 51% 以上的股权，为保险最好可以达到 67%，这样能够达到三分之二，在决策上都可以完全掌握在手中。原因是，大部分的股东会表决事项，都是二分之一以上多数通过。按照中国《公司法》规定，个别事项还需要三分之二以上通过。掌握了控股权，就能够掌握股东会。

如果核心创始人无法保障一股独大的情况下，还可以通过以下几种方式掌握企业的控制权。

第一，一般情况下有限公司是以其认缴的出资额比例来计算表决权的，但是公司章程另有规定的除外，这里就可以通过在公司章程中进行特殊规定，规定创始人的表决权比例来实现控制。

第二，可以通过投票权委托或一致行动协议来变相掌握企业的控制权。"投票权委托"即通过协议约定，某些股东将其投票权委托给其他特定股东行使。"一致行动人"即通过协议约定，某些股东就特定事项投票表决采取一致行动。意见不一致时，某些股东跟随一致行动人投票。比如，创始股东之间、创始股东和投资人之间就可以通过签署一致行动人协议加大创始股东的投票权权重。

第三，在上述介绍合伙企业的篇幅中已经提到，有限合伙企业中的有限合伙人以其出资对企业承担有限责任，但却是以其失去企业控制权为条件的，把其他股东放到有限合伙人的位置，则其只能是有限合伙的 LP，不参与有限合伙管理，也就不能通过有限合伙控制公司。企业的控制权就掌握在普通合伙人可以利用有限合伙的规定实现对企业的控制权。

2. 掌握董事会的控制权和公司日常经营的实际控制权

有的时候，控股并不代表控制了公司，还需要对公司董事会和日常经营的控制达到决策的集中性。

首先，公司的日常经营事项，一般都是由董事会来决定的。只有在公司发生重大事项的时候，才会召开股东会进行决策，所以很少能通过股东会的控制权参与公司日常经营，这时候，如果控制了董事会，就相当于控制了整个公司的经营管理。核心创始人可以通过占有公司董事会的大部分席位的方式，以保障对公司的绝对控制，实现企业决策的效率与效果。

此外，还可以通过控制企业的公章、营业执照及对产品和人的控制达到对公司的控制。

11.2.3　严防初期退股

我国公司法规定，股东出资后不得抽回出资，这就是资本维持原则，只有在《公司法》第七十四条规定的某些特殊情形下股东可以请求公司按照合同的价格收购其股权。而股东之间有时会存在退股协议，但是法律并不允许通过一纸协议就做出所谓退股的安排，有些退股协议，其实可以理解为实质上的股权转让协议或者减资协议。

而在合伙企业中，尤其在创业过程中，总是会遇到核心人员的波动，特别是已经持有企业股权的合伙人想要退出团队，这时候退股，对本身资金就会紧张的创业团队来说无疑是雪上加霜。所以，在合伙企业发放股权的时候，应该做好合理预期，提前规定游戏规则，即无论在什么情况下都不能退股，即使退股，那么应当履行什么样的退出机制。

11. 2. 4　选择"众筹"须谨慎

中小企业普遍面临着起步和资金短缺的问题，即使在资本流动更加自由的今天，很多具有发展潜力的企业，它们的发展道路上也面临着一个拦路虎——资本短缺。这几年，众筹的概念越来越火热，但是，其实众筹已经并非新鲜事，它依赖的不是几个大的投资人，而是很多小的投资人的资金支持。这让很多创业者产生一种错觉：好像一旦运用众筹模式，一切问题资金、人脉等都可以迎刃而解。众筹模式看起来很美好，可以帮助解决资金短缺问题，增长人脉，获得产品体验反馈，但是众筹也不像在花园里散步那样简单，至少是现在，它与中国的市场还没有完美地融合。

首先，我国目前的众筹网站数量低、相似度高、互动性弱，缺乏电商平台的强大后台和优良的数据分析能力，且没有针对中国实情来进行众筹方式的磨合与调整。

其次，众筹存在信用问题和风险把控问题。如采用众筹模式，一定程度上会分散创始人的控制权，股东过多导致意见众多，决策混乱，最后影响公司的正常经营，就像有些采用众筹方式迅速成长但是又迅速关门停业的企业一样，最后落得一场空。就像号称最大的众筹餐厅——印象湘江世纪城店，在刚开业的时候，获得众多头衔，如"长沙最大众筹餐厅""众筹成功范本"等。该餐厅在2014—2015年短短1年时间，开了3家餐厅，且占地规模大，由93位股东筹集100万股本众筹开办，引起了社会的广泛反响。但是，也在短短一年内，餐厅每月最高亏损20余万，仅在2015年2月实现盈利一千多元，12个月亏损已经超过百万。餐厅资金链断裂，停业倒闭，债务缠身，所有的股本无法收回，贷款及企业员工的工资都没有办法支付。这家餐厅之所以在短时期内经历了如此大的变动，跟众筹之下的各种衍生问题息息相关。众筹之下，股东众多，决策分散，且没有形成有效的沟通机制及运营机制，产生了极大的信用问题，导致其管理混乱，且没有完善的风险控制机制，最终只能昙花一现，并留下了待解决的冗杂的后续问题。

11. 2. 5　注册资本量力而行

注册资本是创业者在创业路上必然遇到并且不能避免的一个晦涩名词，当前国家对注册资本的管控已经放松很多，比如所谓的一元公司，其实就是注册基本已经取消了最低限额，当然，也没有规定最高额。此外，注册资本从实缴改为认缴，也没有固定实缴的期限，实缴的注册资本也不显示在工商登记上，亦不需要验资报告了。

但是，注册资本就可以放松警惕，任意注册吗？当然不是。虽然国家放松了对注册资本的管控，但是仍然存在监管。

首先，注册资本量力而行，不宜太大也不可太小，以维持公司正常经营为准。注册资本切勿为了追求"好看"，一时脑热写得很多，以显示自己的实力，其实是大错特错。登记的注册资本应当对自己的实际资金能力和未来预期资金能力有个预测，在自己可承担范围内进行选择。这样也可以减轻未来资本运作和经营运行的压力。如果数额已经写得很大，并且实缴出资承诺预期无法完成，那就应当尽快减资；当然，注册资本也不能写太小，这样会影响企业的业务开展，比如想要跟其他企业进行合作，对方一看你的注册资本是一元，估计就失去了信任不会进行合作了。

此外，即使《公司法》以及工商登记不再规定实际缴存资金的环节，但总会产生其他影响，比如公司的投资人，再比如未来走向资本市场过程中的监管机构，都会有可能要求认缴资本实际到位，当然如果到时候发现实际到位无法达成，可以采用减资的方法降低注册资本，但是这个过程费时费力，会严重影响融资及走入资本市场进程。

注册资本也是法律上股东承担有限责任的承诺，当公司资产不足以清偿公司债务时，股东有义务按照承诺的注册资本清偿剩余债务。也就是说，你要在认缴的出资额或者股权内承担有限责任，如果你的注册资本数额写得太大，当有官司缠身需要你偿还债务的时候，你就要承担认缴的责任。

有一个典型案例，即"十亿注册资本案例"，这个案例为上海的某投资公司，该公司期初注册资本为 2000 万，实缴资本 400 万，在新公司法认缴制度出台之后，将公司的注册资本改为 10 亿。后投资公司收购了一家国际贸易公司99.5%的股权，转让款为 8000 万，需要在 30 天内支付。后来达成补充协议，投资公司将分四次在约 5 个月的时间内还清 8000 万。在达成补充协议之后，公司通过股东会的决议，将公司的注册资本减至 400 万，并通过隐瞒债务的方式，得到了工商登记机关的核准。在这整个过程中，投资公司还进行两次股权转让，其中 1 名是在购买国际贸易公司协议签订之前退出的，1 名是在该协议签订之后退出的，新老股东共 4 人。后期，投资公司不能实现偿付国际贸易公司 8000 万欠款的约定，并获悉了减少注册资本的消息，将该投资公司及 4 名新老股东为被告向法院提出了诉讼。要求投资公司支付首期股权转让价款 2000 万，在投资公司不能清偿的部分，两名现股东在未出资的本息范围内承担补充赔偿责任，连带责任；两名老股东在减资本息范围内，对投资公司不能清偿的部分承担补充赔偿责任，在新股东未出资范围内与新股东承担连带责任。两名现股东认为自己的减少注册资本的行为并无不妥，是为了公司的实际发展而进行的战略选择，老股东认为自己已经并非公司股东，不应当承当责任。最后法院认为，投资公司未按期支付股权转让款的违约情况属实，应当以其全部资产承担责任；且公司与其股东在隐瞒真实情况并违反法定程序下的减少注册资本的行为无效，其注册资本仍为10 亿元。公司现股东应当以其认缴资本承担补充赔偿的连带责任，即应当在公司不能支付股权转让款的部分，缴纳相当于股权转让的注册资本以清偿债务。两名老股东分别因为股权转让协议之前已经退出，不应当对该协议负责及已并非该公司股东的原因，不承担补充赔偿责任。两名现有股东终究没有意识到，认缴不等于免缴，只是暂缓缴纳，企图通过玩弄制度逃避责任，只能是一场空。

所以，登记的注册资本也应当谨慎选择，既要考虑自身的资金能力，也要考虑公司的经营运作，此外，还可以考虑所在行业的需要。

11.2.6　公司章程认真商议切勿照搬模板章程

我国《公司法》中的很多条文后都有一句话：但公司章程另有规定的除外。可见，公司章程的威力之大。公司章程是公司最重要的自治规则，既可以规定公司的组织架构、人员架构、股权结构问题、投票权问题等，效力及于公司及股东成员，同时对董监高都具有约束力，可谓是公司的灵魂。但是绝大部分经营者对公司章程认识浅薄，不加重视，相当一部分照搬照抄工商局提供的傻瓜章程，导致公司章程失去了其对公司有序运行的弹性作用，可操作性弱，为未来埋下了隐患。

所以，首先应当认真商议公司章程，不能简单地照搬法律条文规定，也不能照搬照抄傻瓜章程。应当根据企业自身的特点和实际情况制定切实可行的条款，对公司事项进行详细的规定。此外，可以通过公司章程对法律允许的可以自由约定的事项进行适合公司的规定，如股东出资比例与持股比例可以不一致、表决权与出资比例可以不一致、通过章程限制股权的转让与进行优先购买权的特殊规定、通过章程自由约定分红比例等，这些适时的操作可以帮助公司更加自由地发展。在制定公司章程的时候，同时需要注意不能违背了《公司法》的规定，或者剥夺股东的固有利益等。

11.2.7　财务管理严格规范

在我国的中小企业中，普遍存在着财务管理问题，缺乏现代的财务管理观念，没有将财务管理纳入企业管理的有效机制中，此外，缺乏财务理念，财务管理基础薄弱，仅仅抓大钱，造成财务混乱。还有些家族管理模式下的企业，往往分工较粗，专业化程度较低，没有专业的财务管理人员，导致资金管理不严、监核不严，资金去向模糊，使得企业财务混乱。

企业应当对财务管理提高重视，即使财务水平不高，未必符合会计通则，但是切莫抓大钱、算大账，应当笔笔清晰，明晰每一分钱的去向。首先，企业应当改变对财务管理的认知，全方位更新企业财务管理观念，现代企业财务管理追求的是不断提高企业资源的运用效率，提升企业的价值。一个功能强大的财务管理体系不仅是业务部门的辅助部门，同样它本身也可以创造价值，甚至运用各种金融工具，直接创造价值。所以应当做到财务管理职责清晰、监督严明、信息透明。

其次，优化财务结构，强化内部管理。对于中小企业来说，只有在财务文件下取得的企业成长性才是有价值的成长性。有效的财务管理，必须要有完整的财务资料，通过财务资料并根据自身经营环境的变化，对资本、负债、资产等进行结构性的调整，建立最佳的资本结构。

再次，应当吸收高素质的财务管理人员，帮助企业进行财务管理。

最后，企业还应当建立健全内部财务管理制度。财务管理内容很多，处于发展期的民营企业可能最为重要的两项是"预算管理制度"与"内部审计制度"。预算管理制度能让民营企业实现从"机会"成功到"有计划的"成功，并对财务危机起到有效的预防作用。内部审计制度，可以对财务去向进行二次把关，提高资金的利用效率，提高财会信息质量，避免企业不必要的花费。

11. 2. 8　严格公章管理及使用

从某种程度上说，公章是公司权力的象征，在某一书面文件上加盖公章，意味着公章主体对该文件进行了背书，对文件的真实性承担相应的责任与后果，如果公章保存不规范，造成公章任意使用，那么会给公司带来很多潜在的风险与损失。

所以，首先企业应当管理好公章，制定书面的具备可操作性的公章管理制度，使用公章必须严格按照公章制度来。若经营者本身对公章就带有随意的态度，那么员工就会更加轻视公章，肆意使用。如使用公章应当进行登记，包括使用用途、使用人、批准人、使用日期等。

此外，每个公章具有什么样的效力应当是明晰的，并且需要有人专门保管公章，若出现使用差错，可以落实到是哪个人出了差错并进行责任追究，这样可以做到严格把控公章使用。公章不能够随便委托其他人进行保管，也应当严禁公司员工以任何私人理由将公章私自带出使用，严格把控公章带来的风险。

11. 2. 9　慎选员工宁缺毋滥

在经商的时候，一个人的力量是薄弱的。对于高薪聘请的人才，是需要他们为企业发挥才干进行效力的。但是，员工选择就像配备一支军队，如果选择不好，哪怕有强有力的将军，也无法打出胜仗。

首先，企业应当设置充分的时间对员工进行甄选，在从容的环境下才能对候选员工进行全面的考核，从众多的候选者中选拔出合格的员工。如果在匆忙中招人，势必不能选拔到最满意的人选，只能是解一时的燃眉之急，宁缺毋滥。

其次，选择员工时，应当注意德才兼备，缺一不可。

再次，选择员工选的是水平，不是文凭。选人不在于这个人学历多高，而在于发挥这个人的长处，看看真正的水平是不是高。因为学历所认可的能力跟企业所认可的能力是有一定区别的，应当因材选择。

在选择员工时也需要注意，企业需要的员工，是踏踏实实肯干活的员工，而不是一副花架子。企业需要精英，企业更需要的是踏实肯干的精英。

最后，应当根据工作性质选择员工。选拔人才的目的是把工作做好，只要能适应岗位，能把工作做好，就是合格的员工，如果让非常有能力的人去做一份很简单的工作，那么其实就是一种资源的浪费。

11. 3　成立新企业应该规避的问题

11. 3. 1　开源节流控制成本

在企业运营的过程中，想要增加利润，有两个途径：一个是增加收入；一个是控制成本。要学会节约成本，实现利润的最大化。对企业来讲，节约成本就意味着创造利润，每节约一分钱，全部产品和生产环节累计下来，将是一笔可观的资金。"微利是图"才是企业的生财之道。

节约成本对于企业来讲，不仅仅是一种价值观与道德观，更是一种核心竞争力。将每一分钱花在刀刃上，每一分钱花得恰到好处，也就是最大限度地利用资源，所以，花钱也是一种独特的艺术。麦肯锡曾经这样评价中国企业："成本优势的巨人却是成本管理上的侏儒"，可见企业经营者对于成本控制的忽视。

在经营企业时，首先应当建立预算制度，这样才能在资金流出时精打细算；再者，应当精减人员与机构，任何员工，都应当是具有明确的分工的，每个机构都应当具有有效的职能，将不必要的员工和机构消除，既可以精简企业、控制成本，也能最大限度地调动公司的活力与积极性。此外，应当严格控制每个环节的成本，如采购环节的成本、生产环节的成本等，并且应当控制日常开支的成本，减去不必要的办公设备费、差旅费等。

当然，节约不等于抠门，节约更不等于产品质量的忽视，节约只是将不必要花的钱用到企业真正需要的地方。

11. 3. 2　选择合适的创业项目

在最近观看的一份调研报告中，有一项关于创业动力的分析，其中比例最大的因素为对自身能力的信任。这可以表明当前创业者的误区：抛开项目基础去思考创业项目的成功。就像经济基础决定上层建筑，良好的合适的创业项目才是创业者成功的基本条件，创业者的才能等因素是使得创业得以实现或者做大的辅助。此外，很多创业者在创业中期放弃，很大程度上是因为创业项目选择的失败，如创业项目缺乏新颖性、市场饱和度高、竞争激烈、优势不足或者自己并不感兴趣。所以，创业者应当避免为了创业而创业，而是应当对创业项目有理性的选择及清晰地规划基础上，开展创业。

首先，在选择创业项目的时候的首要考虑要素，便是"需求"，有需求的地方才有商机。也许你的创业项目不是新颖的，但却是某个地域所缺少的，也有可能实现创业的成功。正确把握市场上缺失的但是有庞大消费者市场的领域，如气味图书馆创业项目的成功，便是发现了关于"气味"的产品缺失及冗杂，开发了气味需求的市场，直至目前该创意使得这个企业依然在该领域领跑。

其次，选择创业项目的时候，切莫广而泛，要追求细分行业上的创业。即有一个特定的市场定位。创业时如果抱着广泛撒网的态度，各类相关产业都包含进创业项目的话，只会使得创业项目没有其核心发展能力，或者因为精力、资金的分散，使得每个产业都发展平平。有意义的、可发展起来的创业，有时候仅仅需要一个点就足够了。根据这个点，开展创业计划，设计创业项目，去分析你的消费群体、消费群体的能力、消费群体的需求、性别、年龄结构等，使得创业真正解决某个痛点，往往是创业项目得以成功的重要原因。

再次，创业项目选择需要考虑市场饱和度、竞争力及时机。如果你想开办的某种创业项目市场饱和度高，在创业项目的区域来讲可替代性高，那么就需要考虑，自己再进行该项目创业的优势在哪里，这种优势会不会形成一种强大的竞争力，使其能够快速地融入这个市场并形成高度的行业认可，拥有良好的市场份额。如果并不能够做到，那么这个项目的开展就需要三思而后行了。此外，还需要考虑进入市场的时机，就像淘宝、百度等企业的发展，就说明了把握先机的重要性。还未开发的领域，往往存在着更多的机会，如果进入一个发展已经成熟的市场，要么该市场已经形成了有绝对优势地位的企业，要么该行业已经慢慢走向了衰退期。

最后，除了上诉因素，选择创业项目的时候，也应当考虑该项目的成本、利润、资源等因素，并保障该项目的可行性与可操作性。创业可以选择自己感兴趣的创业项目，但是在兴趣的基础上，抛开感性认识，还应当对创业项目有着清楚的实施规划。

11.3.3　做开明的"独裁者"

民主的重要性不言而喻，但是对于一个企业来说，过度的民主就像寄生虫，会慢慢侵蚀企业的效率，导致企业寸步难行。

一个优秀的企业经营者，不做过度民主的领导者，而是去做开明的"独裁者"，需要有决策的果敢、说一不二的力量。要能够做困难的决定、承担责任，一旦做了决定，每个人都要遵守，无论决定是对或错，且能够在成功时与人分享，失败时能承担所有责任。

好的独裁者也会是一个最好的企业领导者，因为人们也喜欢跟着一个有力的领导者，他们想要被有愿景、说服力、有价值的人带领，他们可能不会同意领导者做的任何决定，但只要不越界，员工都会遵循方向，努力工作，展现忠诚。

但是，这不意味着完全的独裁，聪明的经营者，会适度地民主，做开明的"独裁者"，在掌控大局的情况下，适度地将权力分散给员工，使员工也能够参与企业的经营，这种参与感，会使得员工在工作中更加尽职尽责。

所以，做个开明的"独裁者"，避免过度民主带来的效率低下从而导致企业无法进一步发展的情况，也可以使员工具有参与公司经营的责任感，避免完全的独裁带来的企业发展障碍。

11.3.4 创业初期需要应对的财务问题

在成立新企业需要规避的某些问题中已经提到了严格规范财务管理的重要性，避免财务混乱，这对于一个想要长期发展并想要具备成长性的公司来说无比重要。那么，成立一个新公司，在初期前几个月需要处理哪些财务工作呢？

首先是上文提到过的，建立健全各项财务规章制度，然后确定新公司采用的会计制度、核算方法及涉及的税种，最后开始建账。

之后，新成立的公司应当做第一章记账凭证，即借：银行存款/固定资产/存货/无形资产/等，贷：实收资本；此外，应当熟悉新公司做账的税种，并且熟悉组织机构代码证、国税、地税的税务登记证的办理地点及办理程序；并且根据企业需要和相关程序建立相应的账本，熟悉每个会计核算的流程等。这些都是必须但是并非全部的事项，这些程序的熟悉和操作，是新企业必须面临的，对这些业务的熟悉也会帮助企业免除财税上的压力，避免合法合规性的风险。

在中国社会中，就处在一个"熟人社会"里，往往将契约看成互相不信任的"耻辱"，甚至这种认知也发展到了企业合作中。但是也有一句话说得好："口说无凭，立据为证！"这就是在强调将决策、提议、商议落实到书面的重要性。

企业在契约精神下，不能保留免契约的"情"，更应该追求的，是契约的"清"，即清清楚楚、白纸黑字的协议和书面记录。

在创业初期，甚至创业前，创业者之间也许是互相信任的，但是书面签订协议不伤感情，也可以帮助以后的纠纷有个快刀斩乱麻的解决。所以，凡是较为重要的商议或者决策，都应当作到"建章明责"，先说清，后不乱。这一方面可以避免双方否认自己当时表明的观点态度或者决策；另一方面，互相之间会更加对自己言行负责，因为这是有查找根据的，当因为其观点或者决策给企业带来损失的时候，是会承担相应责任的。最后，有书面的留存，也避免双方口头交流时，对对方观点有所误解，从而产生纠纷。

比如创业者成立一个合伙企业，事先就应当对出资数额、盈余分配、债务承担、入伙、退伙、合伙终止等事项做出约定。合伙协议写得越清楚，对合伙人的保护程度也就越高。当然，创业过程中，还要注意保存自己实际经营的相关证据，为发生纠纷后维权提供保障。

11.3.6　建立员工手册树立行为准则

员工手册相当于企业员工内部的小法律，是企业员工的行为准则，小到员工的日常行为规范，后至双方的劳动争议，都可以在员工手册中进行规定，这一方面使企业员工提早建立起自身标准的行为意识，提早进入企业工作状态；另一方面也可以使得企业更加具有规范性与专业性。

但是新企业往往会忽视《员工手册》的制定，或者手册内容不规范、不完整，没有规定适合的管理内容，或者管太多，或者忽视了重要内容的规范，比如劳动报酬、工作时间、休假时间规定零散出现、漏洞百出；有的手册制定程序有问题、执行性弱，或者员工不认同，或是即使认同，也无法按照程序之行；有的手册内容内容陈旧，时效性差，没有跟随法律的修订和企业的实际情况进行修订。

企业必须要重视员工手册的制定，首先，员工手册需要内容完整、规范适度。所谓内容完整，即应当根据《劳动合同法》的相关规定完善手册内容，亦可以根据企业的实际需要进行个性化的安排，但是切记不要干涉人工较多的私人生活。其次，员工手册的制定程序应当合乎规范，也应当适当地听取员工的想法，并确保员工的知情权。此外，对于员工手册，虽然频繁修改会影响其公信力，但是根据法律法规的修订和企业实际情况的变化进行适当的调整也是必要的。

11.3.7　重视团队建设

有句话说得好："单干干不长，独行行不远。"中国每年都会有一大批新公司诞生，但是为什么生存下来的公司少之又少呢？中国中小企业数量占据全国企业数量的99%以上，为什么极少的中小企业才具有竞争力呢？其中最重要的原因就是：中国中小企业缺少团队建设。在功利化越来越严重的今天，大多数人想的都是自己能够从公司拿走什么，而不是为公司带来什么。团队建设已经成为制约中小企业发展的重要因素，创业中，应当少领导，多管理。

首先，优秀的团队应当具备优秀的组织领导。观察大企业的领导，大多情况下，或是独裁的，或是开明而独裁的。一方面有着绝佳的领导能力和开阔的企业宏观视角，另一方面适度地放权，给员工施展才华的机会。作为领导，其实应该"少领导"。仅仅通过组织的授权去支配下属，其实获得的仅仅是表面的服从，更深层次的，应当是让团队成员对自身的信服和认同，这就是做人的艺术。因为高压管理带来的仅能是短时期的维稳，而不是长时间的稳定性和企业活力。

其次，小成功靠个人，大成功靠团队，所以团队的组建十分重要。一是寻找合适的团队成员，成员的组成非常关键，他们应当是互补的。如果一个团队都是性格急躁的，或者都是优柔寡断的，很难想象这个团队的发展；队员也应当具备相应的能力，不是每个队员都必须是精英，但是每个成员都有各自可以胜任的领域；此外，德才兼备十分重要，有能力，但是品质有问题，这也会给团队带来负面的影响和潜在的风险。二是成员之间应当有共同的事业愿景，即拥有共同的理想与目标，这时候就应当找到组织存在的价值和意义，并且实现团队的组织分工与责任，怀揣着理想去按照自己的分工脚踏实地地完成自己的职责，这个团队才是活的团队。三是要建立适当的激励制度，不断刺激团队的积极性和创造力，并且激励制度不能是千篇一律地对待每个人，应当根据不同的表现给予不同的奖励，在竞争中合作。四是团队也需要系统的学习，不断地学习才能给团队不断注入新鲜的血液，实现不断地提升。

11.3.8　公司档案妥善保存

档案是公司活动轨迹的书面记载，记录了企业各项活动的依据、过程与结果，是企业合法合规性及诚信经营的可追溯证明，此外，也是梳理企业发展，总结成功经验及失败原因的重要材料，这些文件也都是证据，是公司对内对外权利义务的依据。

对于公司档案，企业应当首先树立正确的档案观念，即档案为企业资产的观念，这些无形的财富可以帮助企业记录真实的发展历程，得出客观的评价。确保有负责文档材料及整理的工作人员，并进行集中管理，保障归档材料的完整性、准确性及系统性；此外，随着企业的发展不断提高档案管理的水平，实现档案管理体制的创新，实现档案的现代化管理；建立档案工作的归责制度，对没按照规定将档案归档或者造成档案缺失等问题的负责人员需要承担相应的责任。

管理好档案的同时，也要熟悉档案、用好档案，使档案发挥其对企业的价值和经济效益。

11.3.9　重视及细化风险管理

企业应当对风险管理有足够的认识，并且需要有应对风险的细化措施及安排。

企业应当有风险的识别能力和评估能力，去预测企业可能将面临什么样的风险，如生产上的风险、法律上的风险，接下来去分析风险，即造成这个风险的原因是什么，类别是什么。之后去评估风险，这些风险发生的可能性是多少，将给企业带来多大的危害。在对风险有着较清晰的认识后，应当有细化地应对及处理风险的措施。

当前，企业应当建立主要包括生产上的风险、法律风险、财务风险、税务风险、危机公关等方面的具体措施，一方面，我们要控制风险，内控风险，尽量避免风险的发生；另一方面，我们无法阻止风险的发生，那我们就去经营风险，这个过程既是企业综合实力提升的过程，也是公司战略管理的一部分。

11.4　新企业管理创新

11.4.1　企业管理观念创新

"庸人们围着演员转，世界围着新价值的创立者转"，企业想要长久留存，甚至以自己的力量影响这个世界，企业价值观的建立是必不可少的，这也就关系到企业管理观念的树立与创新。

当企业家认为，自己对自己所处的行业已经非常了解，或者产生过去生意好做，现在生意越来越难的困惑时，就是你需要转变管理观念的时候。此时有可能是你的观念已经固化，缺少与时俱进与发展的眼光。阻碍人们进步的障碍，不是未知的东西，而是已知的东西。企业要谋求管理上的创新与转变，首先企业领导者就应当具备管理创新的观念与心理需求。学而知不足，对于企业运作过程，就是运行中而知不足，再去思考企业的改良。而观念的陈旧与自我满足往往是企业原地踏步、慢慢衰退的内在因素。

所以，作为企业管理者，树立起企业管理创新的心理需求与观念之后，找准自己企业的管理痛点之后，对症下药。

在管理者树立创新管理理念的同时，切勿认为创新管理就是推倒一切，创新不是颠覆性地推翻重来，创新离不开继承。第一，在继承企业原有优良管理理念和成果，将其渗透到新的管理理念当中。梳理企业过去的管理理念、管理模式等，发掘出适合企业发展的，摒弃阻碍企业发展的观念。企业只有对以往的成功有把握，才有可能把握未来的成功。第二，除了继承企业过去的经验，还应当吸收外来的优秀管理理念。既包括其他企业较为成功的管理理念，也可以跨行业借鉴其他产业在管理理念创新的实践成果。吸收的理念是不是最为创新的，并不重要，重要的是适不适合企业的发展。第三，当前并不缺少先进的理念，缺少的是可操作性强并且适合企业发展的理念。企业不一定必须自己创造出新形式的管理观念，可以进行适当的借鉴，西方包括我国已经有很多先进的较为成功的案例，不需要去进行一些没有价值并且风险较大的尝试。站在巨人的肩膀上，就是这个道理。当然，这并不意味着照搬照抄，我们需要针对自己的实际情况进行改良。所谓洋管理并不一定适合中国企业，与企业相互协调最重要。第四，树立企业管理时，既要树立企业经营理念，也要树立资本运营理念。企业需要管理的不仅仅是企业生产的产品与服务、员工等，企业本身作为一个产品，也是需要进行管理的。此外，在企业管理的同时，树立资本运营理念，运用资本的理念助力企业的发展。

11.4.2　管理模式创新

企业依靠原本的竞争优势，多说可以有黄金十年，或者顶多7年。这几年有很多被认为是圭臬的企业，从高峰陨落，想要维持长久的竞争优势，变革管理模式至关重要。

管理模式创新，即企业中的产品、技术、资产、信息等要素进行重新洗牌，形成更适应企业发展模式的组织结构及管理结构。在这其中，包含管理制度的创新、资产管理模式、信息管理制度、技术创新等。

在管理模式创新中，技术创新为基础。企业的产品和服务是企业可持续发展的核心竞争力，而产品与技术往往是动态发展的，有一定的生命周期，如果技术不革新，就慢慢会被新的技术所替代，企业也将失去其核心竞争力，走向没落。所以，企业应当进行优化的技术管理，在现有技术的基础上，投入人力、资金，在企业发展的过程中，不断研发新兴技术，推动技术的不断发展。企业可以组织专门的技术研发部门，部门成员最好是十分熟悉企业生产线、生产流程的，明晰企业技术的未来发展与改良方向，在现有技术基础上进行创新，打造企业的技术优势及企业的核心竞争力。此外，技术创新还应当与行业的发展状况及宏观的市场经济情况相适应，并应当具备前瞻性与引领性。

此外，企业应当创新管理制度。企业在进行整个企业的组织协调时，管理层应当让整个企业活起来。管理层应当少领导，多进行管理。过度领导，会使得企业的参与性降低，正如在企业开会中，往往会出现听的多、说的少的局面。企业的联动性，是企业发现问题、增强企业活力的关键。当然，这并不意味着管理层去盲目听取，而是在企业存在活力的基础上，从各方面收集企业发展中的问题，并且在众多的意见中保持决断，做出审时度势的决策，引领企业发展与改革的方向。

企业在进行技术创新，提升企业竞争力的同时，应当也注重企业本身的外延式发展，企业的外延式发展是内增性增长的辅助手段。所谓内增性增长，即企业对产品、服务、管理模式、销售模式等方面的内部优化及价值提升过程，而外延式增长是企业利用已有资本价值进行的再提升阶段。当企业发展到一定规模，内生性的价值有良好基础的时候，企业可以考虑利用已有资本价值去扩大企业的规模，如进行企业的并购活动。这种外延式的价值提升会给企业带来快速地成长，发挥外延式活动的协同效应，扩大企业的产品规模、市场份额、竞争优势。地域优势，或者帮助企业实现更多的现金流或者较少的资本成本与负债成本。

管理模式创新时，应当把握时势，预测风向在哪里，进行转型。如果太过迷恋过去的荣耀，变革就会缓慢，就会慢慢走向滑坡。一直不变的就是一直在变。

没有一套管理模式，保障学了就会成功的。管理模式不是需要大家去照搬照抄，而是帮助大家进行系统性的思考，当出现问题的时候，有能力随时调整与管理风险。管理模式也可以根据企业的实际情况跨界借鉴。

如果说必须得出管理模式的规律，可以说首先应当确定公司的定位，再决定公司多方面延伸的方向，决定去培养哪些核心竞争力，以免偏离走向；其次，在进行管理时，管理者不需要达到完全的共识再去决策，有冲突才能有进步，决策不可过于拖延；再次，通过制度去管理公司；最后，要随时根据时势改变方式，具有应变能力和一定的预测能力，管理模式中的操作中心是理性，具有系统性的理性思维。

11.4.3　团队管理创新

企业的发展在员工，拥有优秀的员工队伍，能为企业创造源源不断的价值财富。目前企业的劳资关系已经进入到了一个新时代，这个关系是微妙而复杂的，又是相互依存相互配合的。想要留住员工，增加员工对企业的归属感、责任感及忠诚度，就应当让员工有尊严感和自豪感。①建设具备创新管理理念的优秀员工队伍；②规范高管管理；③正确发挥监事作用；④改变过去对员工的管理观念。

首先，完善队伍建设，开展员工培训，尤其是技术发展革新的实时资讯与创新理念的输送，使得员工与外界发展形势共同发展进步，抛开过去安于现状的面貌，建设优秀的员工队伍。

其次，团队管理必然涉及对来自企业的最高层的高管进行创新管理。高管往往掌握着企业运营、筹资、投资、分配等生杀大权。而当前企业高管存在权限划分不清、决策效率低下、大局意识薄弱、企业缺乏监督、个别高管责任意识淡薄等问题。对于高管，一方面应当通过加强监管，制约管理层的权力，另一方面应当采取激励手段，如设立适合的薪酬制度，捆绑股东与管理层的利益，激励高管对企业的责任感，从这两个方面入手管理高管。第一，应对高管有着规章制度的明文规范，可以包括高管角色的定位、高管选拔任用机制、高管权限的划分、授权规划、行为准则制度、高管审计监察制度、高管聘任解聘制度等，这个制度的设计可以一方面规范高管岗位聘任的专业性、需要性，另一方面对企业高管的行为有着明确的行为规范、以及其管理企业的程序规范等，避免其以权力当作工具，对企业经营造成负面的影响。第二，除了对高管的规范与监管，对高管的激励也是不可少的，制定合适的高管的薪酬体系并采用高管激励措施，使得高管与公司荣辱一体，高管也会对企业发展有着长远的规划与设计。

再次，在企业中，应当明确监事的职权，当前很多企业的监事形同虚设，甚至成为董事会的"附属机构"，无法真正履行监事的职责，使得企业缺乏二次监管造成混乱。明确如对董事会、高管及其成员履行职责的监督权、对财务的检查监督权、对公司信息的披露监督权、对董事会的罢免权等，以此实现为企业的经营进行二次把关，并实现对企业高管的有效监督及约束。在进行监事管理创新中，企业进一步厘清监事会的责任与义务，在监事会现有上述权力的时候，避免产生以权谋私的现象。适度地约束监事的权力，明确监事在损害公司利益、股东利益时应当承担的责任。此外，还可以建立监事的履行职责评价机制，如建立股东或者职代会对监事的评价机制，如建立股东和职代会等对监事的评价机制，一方面督促监事履行职责，另一方面防止监事以权谋私。

此外，应当改变过去对员工的领导与严肃的层级理念，第一，员工的合法权益应当得到保障。最基本的应当对员工的安全有保障，并及时与员工签署劳动合同，为员工提供"五险一金"，让员工心里踏实，他就会回报以忠诚与责任感。第二，合理规划员工的报酬。在现在的企业中，老板的权益和股东的权益往往是一直被关注的，而员工的权益往往是被忽视的。但实则应当平等相待，给予其付出以足额的报酬。有的企业将员工薪酬作为经营的硬成本，尽量压低员工报酬，有的还采用各种形式和借口延迟支付。将企业的利润建立在压低员工薪酬上，长久下去必然无法留住人心，造成劳资矛盾。第三，给予合适的报酬，企业可以灵活地运用奖励与处罚机制，激发员工的创新创造能力，同时严格遵守公司规章。应当尊重员工的人格并在细节上关心员工，让员工可以在企业获得尊严感。第四，妥善运用股权激励机制，设计完善的股权激励制度，并选择合适的股权激励员工队伍，设置合理的股权激励价格，将企业股权合理地分配给员工，激励员工对企业发展的持续关注性。股权激励也将进一步提高员工工作的热情，帮助企业进行更规范与快速的发展。

上述这些方面，是企业目前普遍存在的问题，从上述方面进行创新和完善，从而获得竞争优势，一定才是创新的本意所在。

本章，我们学习了企业的组织形式，并且了解了成立一个新企业，将会面临着许多宏观及微观上繁杂的问题，有时一个小问题就会给企业未来的发展埋下不可预料的隐患。所以，新企业可以参照以上提到的问题审视自己企业的合法、合规、合理性，为未来的发展扫平障碍。

参考文献

［1］　孙洪义. 创新创业基础［M］. 北京：机械工业出版社，2016.

［2］　威廉姆森. 资本主义经济制度［M］. 北京：商务印书馆，2002.

［3］　青木昌彦. 比较制度分析［M］. 上海：上海远东出版社，2001.

［4］　柯武刚，史漫飞. 制度经济学：社会秩序与公共政策［M］. 北京：商务印书馆，2000.

［5］　檀润华. 创新设计——TRIZ：发明问题解决理论［M］. 北京：机械工业出版社，2002.

［6］　檀润华. TRIZ及应用［M］. 北京：高等教育出版社，2010.

［7］　檀润华，孙建广. 突破性创新技术事前产生原理［M］. 北京：科学出版社，2014.

［8］　杰弗里·蒂蒙斯. 创业学（第6版）［M］. 周伟民，吕长春，译. 北京：人民邮电出版社，2005.

［9］　孟昭兰. 普通心理学［M］. 北京：北京大学出版社，2010.

［10］　希尔加德. 心理学导论［M］. 周先庚，译. 北京：北京大学出版社，1987.

［11］　约翰·科特. 现代企业的领导艺术［M］. 史向东，颜艳，译. 北京：华夏出版社，1998.

［12］　李津. 松下幸之助［M］. 北京：中央编译出版社，2009.

［13］　哈默. 哈默自传［M］. 雷鸣夏，译. 广州：广州文化出版社，1987.

［14］　李兰. 企业家精神［M］. 北京：中国人民大学出版社，2009.

［15］　毛翠云，梅强. 创业者素质模型与综合测评方法［J］. 统计与决策，2009（24）.

［16］　赵延忱·民富论：创业原理与过程［M］. 北京：中央编译出版社，2009.

［17］　傅家骥. 工业技术经济学［M］. 北京：清华大学出版社，1986.

［18］　丁栋虹. 企业家精神［M］. 北京：清华大学出版社，2010.

［19］　理查德·坎蒂隆. 商业性质概论［M］. 余永定，徐寿冠，译. 北京：商务印书馆，2011.

［20］　盛田昭夫. 盛田昭夫自传［M］. 曾文燊，译. 长春：时代文艺出版社，2002.

［21］　李政道. 物理学的挑战［J］. 科学，2000（3）.

［22］　郑称德. 运作管理［M］. 南京：南京大学出版社，2003.

［23］ 迈克尔·波特. 竞争战略［M］. 陈小悦，译. 北京：华夏出版社，2005.

［24］ 布鲁斯·巴林杰. 创业计划：从创意到执行方案［M］. 北京：机械工业出版社，2009.

［25］ 克里斯·安德森. 长尾理论［M］乔江涛，译. 北京：中信出版社，2006.